시니어 선교사행전

김재복 지음

평신도 시니어 필리핀 10년 선교일지 2009~2018

쿰란출판사

시니어
선교사 행전

추천사 1

'선교사'로 제2의 삶은 시니어 여러분의 축복입니다

홍승영 목사
장지교회 담임목사

"온 천하에 다니며 만민에게 복음을 전파하라"(막 16:15).

이는 예수님께서 이 땅에 남기신 마지막 유언적인 당부의 말씀입니다.

신실한 기독교인이라면 누구나 이 말씀을 힘써 지켜야 한다는 것을 잘 앎에도 불구하고, 은퇴 이후의 안정적인 삶을 추구하기 쉬운 시니어 크리스천들에게는 그저 먼 얘기로만 여겨질 수가 있습니다. 그러나 이 말씀을 기쁘게 행한 생생한 기록의 현장을 여기서 만날 수 있습니다.

필자인 김재복 장로는 현역 은퇴 후 시니어 선교사로 제2의 삶에 도전하여, 그의 선교지에서 10년의 사역 기록을 선교 희망자들은 물론 모든 크리스천들에게 귀한 선물로 남겼습니다.

놀라운 것은 그의 새로운 삶의 경영을 시작한 때가 이미 나이 60이 훌쩍 넘은 시기였습니다. 나이는 이제 숫자에 불과하여, 환갑이라 부르며 축하를 받던 60세가 제2의 삶을 시작하는 중년기 진입의 시점임을 이 '시니어 선교사 행전'이 우리에게 다시 한 번 확인시켜 주고 있습니다.

따라서 현직에서 이미 은퇴한 크리스천 시니어들은 물론, 언젠가 시니어 대열에 진입할 수밖에 없는 아직 현역인 예비 시니어들에게, 지금이 은퇴 후 제2의 삶을 준비하고 시작해도 늦지 않는 시점이며, 그 새로운 준비의 좋은 안내서가 바로 이 '선교 일지'입니다.

특별히 나라와 교회의 미래가 차세대에 달려 있음을 직시한 필자가 그의 선교지 필리핀에서 가장 먼저 그리고 가장 열심히 행한 일이 어린이와 청소년의 복음화였으며, 그의 선교 지역에서 어린이 주일학교를 처음 시작한 선교사가 필자였습니다.

또 연이은 그의 사역으로 차세대를 세워나간 것은 교육자로 평생을 살아온 그의 경력에서 비롯한 것으로, 사역지에 가장 우선되어야 할 필요를 면밀히 파악한 그의 경험적 판단의 결과였습니다.

그렇습니다. 시니어 여러분 모두도 평생 살아온 여러분 자신의 경력을 소유하고 있으며, 당신이 평생 종사해 온 이 경력이야말로 선교의 훌륭한 도구로 쓰임 받을 귀한 선교 자산이 될 수 있음을 필자의 예에서 볼 수 있을 것입니다.

다윗이 골리앗을 넘어뜨릴 수 있었던 도구는 그가 평소 익혀온 물맷돌이었습니다. 시니어 여러분도 평생 살아온 여러분의 현역 경험이 바로 다윗의 물맷돌로 선교지에서서 쓰임 받을 수 있습니다.

따라서 이미 은퇴한 크리스천 시니어나 예비 시니어 모두도 하나님께서 명하신 선교사로 나서기 충분하기에, 저는 이 '시니어 선교사 행전'이 여러분의 새로운 도전과 헌신의 결단에 좋은 참고가 될 것을 확신합니다.

특별히 이미 결단을 내리고 선교를 준비 중이신 분이나 선교지에서 사역 중에 계신 분에게도 새로운 도전과 선교 지경 확장에 이 '선교사 행전'이 큰 도움이 되리라 믿고 일독을 권합니다.

(필자의 파송 교회 담임목사)

추천사 2

'선교의 5G 시대' 당신이 그 주인공!

김동건 선교사
GP한국선교회 대표

예수님께서는 "…너희는 가서 모든 민족을 제자로 삼아…"(마 28:19)라고 하시며, 우리에게 모든 민족을 제자로 삼도록 명하셨습니다. 그리하여 예수님 당시의 제자들과 신실한 초기 사도들로부터 이 명령을 수행하기 위한 세계 선교가 시작되었습니다. 즉 선교의 1G 시대였습니다.

그 후, 5세기까지 복음은 지중해에서 인도에 이르기까지 빠르게 확산되는 선교의 2G 시대를 지나, 18세기까지 그 속도가 더딘 선교 침체기의 3G 시대를 보냈습니다. 그리고 다시 전임 선교사들의 순교적 헌신에 의해 복음이 전 세계로 확산되는 선교의 4G 시대를 맞았으나, 아직 지구촌의 절반가량은 미전도 종족으로 남아 있는 상황입니다.

그러나 우리는 선교의 내, 외부 상황을 이유로 예수님의 지상명령을 보류해 둘 수 없습니다. 비록 창의적 접근지역은 여전히 봉쇄의 담을 높이 쌓고 있으며, 선교사의 비자발적 추방 확산과 복음에 앞섰던 국가들의 탈 기독교 현상이 심화되고 있다고 하더라도 중단할 수 없는 것이 온 세상의 복음화이기 때문입니다.

하나님은 계속하여 "…이같이 우리에게 명하시되 내가 너를 이방의 빛으로 삼아 너로 땅 끝까지 구원하게 하리라"(행 13:47)고 분부하고 계십니다. 그리하여 이제 우리는 못 다한 예수님의 지상명령 수행을 위해 '모든 자'가 '모든 자'를 선교해야만 하는 시대를 맞고 있습니다. 곧 선교의 5G 시대를 살고 있는 우리는 더 많은 사람에게 더 빠르게 복음을 전하여, 선교 완성을 신속히 달성해야 합니다. 예수님의 재림의 날이 가까워지고 있기 때문에….

그러면 누가, 언제, 어떻게 이 의무를 완수할 수 있겠습니까?

우리 하나님은 그 답을 준비하고 계셨습니다. 바로 지금 이 시대의 시니어 평신도들이 선교지로 나가도록 말입니다. 이에 순종하여 필자 김재복 장로는 오랜 배움과 가르침의 삶을 살아오다, 60세를 넘어 선교지로 나가 그의 배움과 가르침의 경력을 선교 도구로 활용한 평신도 시니어 선교사로 10년을 섬겼습니다. 그러면서 그는 그의 선교 현장에서 행한 사역 하나하나를 다시 이 길을 걷게 될 여러분이 보다 쉽게 적용해 나갈 수 있도록 이 선교 일지를 우리에게 선물로 남겼습니다.

즉, 이 '시니어 선교사 행전'에는 선교의 5G 시대를 감당할 시니어 여러분의 선교 결심과 준비 그리고 초기 정착에 필요한 자세한 안내는 물론, 평신도 시니어 선교사와 기존 선교사와의 협력에 관한 값진 조언까지 해주고 있습니다. 또한 평신도 선교사가 현지에서 봉착할지 모를 사역의 애로사항 해소에 대한 자세한 안내와 함께 사역 중 목회 사역을 해야 할 경우, 그 길잡이로도 충분할 지침까지 포함하고 있습니다.

하나님 나라 확장을 꿈꾸고 있을 아직 현역인 크리스천은 물론, 받으신 하나님의 은혜에 감사하는 길을 발견하지 못하고 있는 시니어 여러분! 지금 이 일지의 필자처럼 시대가 요청하는 선교의 5G 시대 주인공으로 나서 보시지 않겠습니까?

여기 이 '시니어 선교사 행전'이면 충분합니다.

추천사 3

선교사의 새 모델을 보여준 평신도 시니어 선교사

윤승원 선교사
전 필리핀 중부루손선교사협의회장

지금까지 선교는 통상 젊은 목회자들이 담당해 오던 것으로 여겨져 왔습니다. 이는 이질 문화와 기후에 적응 그리고 현지 정착의 어려움과 현지어 준비 및 사역지 개척 등 넘어야 할 많은 과정들이 그리 녹록하지 않기 때문입니다.

그러나 필자 김재복 장로는 60을 넘은 나이에 선교지에 나온 드문 케이스로, 많은 우려 속에서도 빠른 정착과 오히려 젊은 목회자 이상의 사역 성과는 물론, 지역 교민과 선교사와의 긴밀한 관계 유지로 지금까지 일반 선교사들과 전혀 다른 면을 보여주었습니다. 평신도 시니어로서, 비록 그의 선교 사역 기간은 10년이었지만, 전문 목회자 선교사의 20년 이상의 사역들을 해냈습니다. 이런 그의 섬김과 봉사 및 사역으로, 그는 지금까지의 선교사 개념을 완전히 바꾼 은퇴 후의 값진 2막을 살았습니다.

그는 자신의 현역 경력을 2곳의 현지 교회 개척과 건축 및 이들 교회의 성장과 부흥을 위한 목회 사역에 적용하여, 목회자 선교사도 쉽게 이루지 못한 많은 일들을 해냈습니다.

먼저, 자신이 개척한 빈촌 교회에 컴퓨터 공부방을 개설하여, 가난한 시골 어린이들에게 미래의 꿈이 실현될 수 있도록 해주었습니다. 또 화산 이주민촌 한 가정교회에 주일학교를 시작하게 하여, 어린이들의 뮤지컬 공연을 통해 교회 건축의 기초를 마련하였으며, 지(支)교회까지 개척하도록 성장시킨 일들이 그 구체적인 예입니다.

그의 교회 사역과 선교사 협력을 제외한 가장 특이한 기여는 '선교사 타갈로그어 스터디 그룹'의 결성과 진행 및 지역 한인학교 교장직 수행이었습니다. 그가 현역 시절 몸담았던 해군사관학교와 남해대학에서의 근무 경험과 교수 경력을 선교지 현지에 직접 적용한 사례가 바로 이 부분입니다.

또한 선교사들의 현지어 습득 노력이 자주 좌절되고 있음을 안 필자는 선교사 타갈로그어 스터디 그룹을 조직하고, 이를 3년 넘게 직접 맡아 이끌어 오면서 여러 선교사들에게 배움의 활력을 불어넣어 주었습니다.

　필자의 이러한 봉사와 섬김의 경험이 담긴 이 '시니어 선교사 행전'은 선교에 관심을 두고 있는 시니어 크리스천들에게는 물론, 언젠가 은퇴하게 될 현역들에게도 은퇴 이후의 좋은 길잡이가 될 것이 확실합니다. 따라서 평신도 시니어 선교사 희망자들에게는 물론 모든 크리스천들에게도 훌륭한 교훈적 신앙 참고서로 일독을 권하고 싶습니다.

　그렇습니다. 선교는 이제 목회자들이나 전문 사역자만의 전유물이 아닙니다. 지금 당신이 하고 있는 그 일이 이 책에서 보여주듯 훗날 바로 선교의 도구로 훌륭히 쓰임 받을 수 있는 선교의 귀한 소재가 될 수 있기 때문입니다.

　예수님이 마지막으로 당부하신 땅 끝은 곧 우리 모두가 가야 할 곳이며, 그곳에서 우리가 할 수 있는 일은 바로 지금 당신이 하고 있는 그 일임을 필자는 그의 여러 경험으로 보여주고 있기에, 여러분 모두가 하나님의 귀한 선교의 도구로 쓰임받기를 기원하며, 감히 예비 선교사 여러분들의 일독을 추천하는 바입니다.

머리말

이 책을 펴내는 이유

"사람이 마음으로 자기의 길을 계획할지라도 그의 걸음을 인도하시는 이는 여호와시니라"(잠 16:9).

그렇다. 필자의 지난 70 평생을 뒤돌아보면 모든 걸음걸음마다 하나님의 섭리와 인도하심이 아닌 것이 없었다.

보잘것없고 부족한 자를 하나님의 귀한 자녀로 삼아, 삶의 과정 하나하나 모두를 인도하시고, 끝내는 나이든 평신도가 선교 현장으로 나갈 수 있도록 허락하셨다.

또한 선교 준비 과정부터 선교지 생활의 모든 기간을 기록으로 남기게 하시어, 평신도 시니어들의 선교 준비를 위한 작은 도움의 자료로 이 책을 펴내게 하신 분도 바로 하나님이시다.

가난한 가정 형편 때문에 대학 진학 대신 해군사관학교에 입학하여 이후 그곳의 교수로 젊음을 보내게 된 것도, 그리고 군복을 벗자마자 건물도 없는 신설대학 설립 책임자를 거쳐 초대, 2대의 총장직(당시에는 '학장'으로 불렸음)을 8년 동안 맡겨주신 것도 모두 후일 당신의 선교 도구로 쓰고자 하신 하나님의 놀라운 계획이었음을 필리핀 선교지에서 10년을 보내며 깨닫게 되었다.

그때는 어렵기만 하던 신설대학의 새 건물을 짓던 경험이 몇 십년 후 선교지의 현지교회를 짓기 위한 소중한 발판이 되었다. 또한 지난날 사관생도와 대학생들을 가르친 일들은 하나님 나라의 내일의 주인공인 주일학교로부터 시작하여 교회를 세워나갈 수 있도록 한 나침반이 되었다. 청년부와 성도들의 성경공부를 통해 교회의 차세대 리더로 세워나가는 기법 모두를 이미 그 시절에 다 세밀하게 준비시켜 주셨던 것이다.

초기 사역 당시 필리핀의 한 대학에서 한국어 강의를 통하여 선교와 전도의 접촉점이 되도록 해주었을 뿐 아니라, 현지 목회자를 위한 특강과 목회자 영성 교육 및 협력 선교를 하도록 하신 일, 신학교에서 예비 목회자들을 가르치게 하시고 선교사 타갈로그어(필리핀 현지어) 스터디 그룹을 결성하여 인도하게 하신 것, 지역 한인학교 교장으로 봉사하게 하신 일 등, 이 모두는 은퇴 이전의 삶 대부분을 학교 운영과 가르치는 일에 종사하도록 인도하신 하나님의 섭리가 아니고 무엇이겠는가?

  이제 점차 인간의 수명이 길어지고 은퇴 시기가 빨라지면서, 이미 은퇴하여 여생을 보람 있게 보내고 싶은 기(旣)은퇴자나 은퇴를 준비하고 있는 예비 은퇴자들 모두는 수년간 자신들이 종사해왔던 분야의 전문가들이다. 이는 바로 훌륭한 선교 자산이요 도구일 뿐 아니라 평생 목회에만 전념해온 목회자 선교사와 차별화되는 평신도 시니어만의 경쟁력이 아닐 수 없다. 따라서 각자가 쌓아온 소중한 현역 시절의 경력과 경험들을 선교의 도구로 활용한다면 기대 이상의 열매를 맺고 풍성한 수확을 얻어 하나님 나라 확장에 큰 몫을 담당할 수 있을 것이다.

  실제로 지금 여러 신학대학교와 많은 선교 단체에서 또 교회와 기독교 연구기관 등에서는 일찍 현직에서 은퇴한 후 보다 의미 있고 보람된 일을 찾고 있는 크리스천 시니어들을 주목하여, 이들의 잠재능력을 잘 활용하고 남아 있는 생의 후반기를 더욱 감사하며 의미 있게 보낼 수 있는 방안의 연구와 노력이 활발히 진행되고 있다. 이런 노력들은 크리스천 은퇴자들을 위한 보다 효율적인 '인생 2막'의 선교 결심과 준비를 도와 이들이 선교 현장에서의 시행착오를 최소화하도록 도와줄 뿐 아니라, 예상되는 문제들을 미연에 방지하도록 하기 위한 하나님의 또 다른 축복이다.

그러나 문제는, 아직 이런 시니어 평신도가 자신의 전문 분야에서 쌓은 경험과 지식을 선교 현장에 직접적으로 적용한 구체적 사례나 선교 도구로 활용한 경험을 소개한 자료들이 여전히 흔치 않다는 데 있다. 또한 선교를 준비하는 이들의 궁금증을 충족시켜 줄 수 있는 체험을 바탕으로 한 조언은 쉽게 찾아보기 어려운 것이 현실이다.

따라서 필자는 평생을 살아온 전문 분야를 선교 도구로 하나님 나라 확장에 적용시킨 체험적 조언을 함께 나누는 것이 필요하다는 판단으로, 지난 10여 년 간의 개인적인 일기로 기록해 둔 선교 현장의 경험들을 시니어 선교의 사전 준비와 초기 정착 및 현장 적응을 비롯한 선교 사역에 조금이나마 참고가 될 수 있기를 바라는 마음에서 이 책을 펴내기로 하였다.

아무쪼록 선교학자도 아니며, 신학을 공부하지도 않은 한낱 평신도에 불과한 필자의 이 졸저가 "땅 끝까지 복음을 전하라", "죽도록 충성하라"는 하나님의 말씀에 순종하여 85세에 본격 사역을 시작한 갈렙이나 80세에 사명 받은 모세, 75세에 부름 받은 아브

라함처럼, 은퇴 이후 '인생 2막'을 하나님께 드리기 원하여 선교를 꿈꾸고 있는 평신도 시니어들에게, 필자의 여러 시행착오가 반면교사로서 작은 도움이 되기를 바랄 뿐이다.

2019년 10월
서울에서 김재복

차례

| 추천사 ❶ | 홍승영 장지교회 담임목사 ···• 4
| 추천사 ❷ | 김동건 GP한국선교회 대표 ···• 7
| 추천사 ❸ | 윤승원 전 필리핀 중부루손선교사협의회장 ···• 10

머리말 – 이 책을 펴내는 이유 ···• 13

|1부| 들어가며

1. 왜 선교를 하려 했나? ···• 28
평신도 시니어 선교사의 시대적 요구 ···• 28
하나님의 부르심 ···• 31
하나님의 행하심 ···• 34

2. 선교 결심과 사전 준비는 어떻게 했는가? ···• 36
하나님의 예비하심 - 선교 예정지 1차 탐방 ···• 36
하나님의 인도하심 - 선교 예정지 2차 탐방 ···• 37

3. 선교를 위한 준비는 어떻게, 무엇을 했나? ···• 40
    외국인에 대한 한국어 교사 자격 준비와
                      영어, 컴퓨터 활용 능력 공부 ···• 40
    하나님과의 관계와 지속적 영성 유지를 위한 준비 ···• 42
    재정 관리, 건강 검진 및 주변 정리 ···• 42

4. 선교사 파송 ···• 44

|2부| 정착 초기 사역

1. 초기 정착 및 적응기 ···• 48
    비자 ···• 48
    정착(이사, 집, 차, 인터넷 등) ···• 49
    현지어(타갈로그어) 공부 ···• 51

2. 병아리 선교사 시절 ···• 53
    초기 탐색기 ···• 53
    삐아스(Pias)교회의 주일학교 시작 ···• 54
    SACT대학 한국어 강의 ···• 58

3. 한국어 강의 지원을 통한 선교사들과의 협력 ···• 61
　랄라(Lala)학교 및 트루라이트(True Light)학교 한국어 강의 ···• 61
　한국어 동시통역대학원 한국어 강의 ···• 63
　BIC신학교 한국어 강의 ···• 64

4. 초기 특별한 선교 경험 두 가지 ···• 65
　첫 번째 경험: 비즈니스(커피 재배) 사역 ···• 65
　두 번째 경험: 평신도의 목회 사역 준비를 위한 하나님의 인도 ···• 69

|3부| 본격적인 선교 사역 I - 교회의 개척 및 건축

1. 현지교회 말리왈루(Maliwalu)교회의 개척 및 건축 ···• 74
　말리왈루교회의 태동 ···• 74
　말리왈루교회의 창립 예배와 필자의 암 진단 ···• 77
　목회자 부재 사태 발생 ···• 79
　필요한 사람은 하나님이 예비하시다 ···• 80
　교회 신축 인도 ···• 81
　말리왈루교회 개척의 소회 ···• 88

2. ROS교회 성장과 교회 신축 ···• 90

ROS교회의 주일학교 ···• 90
주일학교 부흥과 어린이 뮤지컬 공연 ···• 94
준비된 자를 예비하신 하나님 ···• 100
ROS교회 성전 건축 ···• 102
지(支)교회의 개척 ···• 106

|4부| 본격적인 선교 사역 II - 교회 개척 및 건축 이외의 사역

1. 현지 목회 사역 ···• 110

평신도의 목회 사역 ···• 110
필자의 목회 사역 중점: 차세대의 제자화 ···• 113
그 외의 차세대를 위한 사역 ···• 117
교인 신분별 그룹 활동 ···• 121

2. 부대 건물 건축과 비정부기구(NGO)와의 협력 ···• 123

빈민 마을 다리 건설 ···• 123
어린이 공부방(교회 교육관) 건축 ···• 126
어린이 공부방의 업그레이드 ···• 127

3. 선교 후원 및 선교 보고 ···• 129
선교팀 지원과 협력 및 선교팀 방문 이후의 관리 ···• 129
선교팀별 특성 개략 ···• 130
선교 후원: 교회와 지인, 가족 등 선교팀 ···• 133
선교 보고와 선교 편지 ···• 134

|5부| 평신도 선교사로 협력 및 봉사

1. 지역 협력 선교 ···• 138
다양한 교류 및 활동 ···• 139
지역과 협력 선교 ···• 140

2. 지역 선교사의 강의 및 사역 협조 요청의 지원 ···• 145
청년 수련회 강사 ···• 145
학교 채플 설교 및 한인교회 청년 예배 지도 ···• 146
목회자 리더십 수련회 특강 강사 ···• 148
필리핀 공군의 한국 고등훈련기 T50 인수 요원 특강 ···• 149
타 선교사 사역 협조 ···• 150
호렙(Horeb)신학교 목회자 리더십 교수 ···• 152

3. 한인학교장 등 지역 봉사 ··•156
한인학교장 ··•156
한인회와 지역 한인 주거단지 봉사 ··•160

4. 선교사의 현지어(타갈로그어) 공부와 스터디 그룹 ··•163
선교사와 선교지 언어 공부 ··•163
타갈로그어 공부와 스터디 그룹 결성 ··•164
타갈로그어 스터디 그룹의 발전 ··•166

| 6부 | 마치면서

1. Q & A ··•170
평신도 시니어가 선교를? ··•170
힘든 일들이 많았을 텐데 어떻게 극복해 왔는지? ··•171
스스로의 영성 관리는 어떻게 했는가? ··•172
운동과 건강관리는 어떻게 했는가? ··•173
선교비 후원은 어떻게 받았는가? ··•175
가족은 사역에 어떻게 협력하였는가? ··•175
교회의 파송 문제는? ··•178
향후 기대되는 사역 분야는? ··•179

2. 평신도 시니어 선교를 결심한 분들께
들려주고 싶은 조언은? ···• 184
하나님의 부르심(calling) ···• 184
전문 선교 단체(기관, 교회 등)의 교육/훈련 이수 ···• 185
충분한 사전 준비 ···• 186
좋은 멘토(초기 정착 안내자)의 만남 ···• 187
사역 시작(초기 사역)의 연착륙 ···• 188
선교지의 필요를 충족해 주는 선교사로 ···• 190

3. 경험으로 본 시니어 선교의 성공 요건은? ···• 192
본인의 하나님과의 관계 및 가족의 동역 ···• 192
건강관리와 자기 관리 ···• 193
언어 구사 능력 및 현지화 적응도 ···• 194
후원자 ···• 195

4. 평신도 시니어 선교사를 위한 제언 ···• 196
현지 선교사 및 현지인 사역자 등과의 협력 ···• 196
우수한 다음 세대 기독교 리더의 조기 발굴과 양성 ···• 197
제3국의 선교 진출자 양성 모판 - 필리핀 ···• 198
장기 해외 거주 사역이 곤란한 시니어의 순회
또는 단기 재능 기부 선교 ···• 199

국내에서 외국인 선교의 협력사역이나 단독 선교 ···• 203

5. 결론 – 선교는 관계(關係)다 ···• 205

    하나님과의 관계 ···• 205

    현지인 목회자와의 관계 ···• 206

    현지 교인들과의 관계 ···• 207

    선교사, 지역 한인교회 목회자 및 교민 등 지역민과의 관계 ···• 208

    파송 교회/선교 단체 및 후원기관, 후원자와의 관계 ···• 208

6. 필자의 향후 계획 ···• 210

    시니어 선교의 보람과 선교사 정년 ···• 210

    평신도 시니어의 선교 동원 및 유관 선교회 봉사 ···• 212

    필리핀 선교 현지어인 타갈로그어 강의 ···• 213

    이주 노동자, 다문화 가족,

            유학생 등의 선교 지원과 군(軍) 선교 등 협조 ···• 214

    모(파송) 교회 은혜 갚기 ···• 214

꼬리말 – 필리핀을 떠나면서 10년 선교 사역의 감사와 회고 ···• 216

연표(年表) – 필리핀 10년 선교 일지 ···• 223

1부

들어가며

1. 왜 선교를 하려 했나?

평신도 시니어 선교사의 시대적 요구

지금 우리나라는 낮은 경제 성장률과 높은 실업률, 청년 일자리 문제와 조기 정년제 도입 등으로, 일할 의욕과 능력이 있는 노년층의 일자리 찾기가 지극히 어려운 실정이다. 이와 반대로 소득 증대와 생활환경 개선, 의료 기술 향상과 건강에 대한 높은 관심 등에 따른 평균 수명의 연장으로, 은퇴 후 남은 삶의 기간이 소득 활동에 종사한 기간보다 오히려 더 길어지고 있는 추세다.

이와 같은 상황에서, "은퇴 후 제2의 삶을 어떻게 보낼 것인가?"라는 물음은 커다란 사회적 이슈가 되었다. 더구나 크리스천 시니어들에게는 지금까지 받은 하나님의 은혜에 대한 감사와 보답,

그리고 앞으로 계속되어야 할 하나님과의 관계는 큰 기도 제목이요, 심각한 고민거리가 아닐 수 없다.

또한 은퇴 전 미리 준비해둔 재산과 개인적인 인간관계에 의한 자기중심의 은퇴 생활자들보다는, 이웃에게 기여하며 봉사로 사회적 관계를 맺고 사는 은퇴자들이 더 건강하고 행복한 노년을 보낸다는 통계는 크리스천 시니어들이 "은퇴 생활을 어떻게 보내야 하는가?"라는 질문에 시사하는 바가 크다.

아울러 은퇴는 삶의 '마침표'가 아니라 단지 '쉼표'일 뿐이라는 말도 함께 생각해볼 점이다. 그러므로 한평생 십자가의 은혜로 살아온 크리스천 시니어는 '그 큰 은혜를 그냥 값없이 받은 하나님의 은혜로 여기며, 감사로만 살아야 할 것인가?' 되새겨 보아야 할 문제이다.

필자의 선교지인 필리핀의 중부루손 지역에 사역 중인 선교사들의 90% 이상은 40~60대인 목회자 선교사들이다. 이들은 평균 두 자녀의 4인 가족으로, 후원 교회나 단체 또는 개인으로부터 매월 필요한 액수의 선교비를 지원받아야 자녀 교육을 포함한 생활과 선교가 가능하다.

한편 오늘날 한국 사회의 저출산·고령화로 인한 교회 부흥의 추동력이 약화되고, 젊은 세대의 선교사 지원율이 감소하고 있으며, 지원액이 상대적으로 많아야 하는 목회자 선교사의 파송비는 교회에 적지 않은 부담이 되고 있는 것도 사실이다. 그럼 이 문제를 어떻게 풀 것인가?

- **훌륭한 선교 자산과 도구를 보유한 시니어**

 이에 대한 해결책으로 필자는 '평신도 시니어의 자비량 선교'를 적극 권하고 싶다. 이는 많은 평신도 시니어들은 사회적, 신앙적 경험과 오랜 직장생활을 통해 익힌 전문기술을 보유하고 있어, 이와 같은 현역 시절의 경험과 전문 경력이야말로 훌륭한 '선교의 도구'로 활용될 수 있기 때문이다.

 더구나 이들의 일부는 퇴직 연금에 의한 생활비 절약 부분이나 노후 자산 재원 등을 선교에 활용할 수도 있다. 따라서 선교 단체로부터의 적절한 교육 훈련과 조언 그리고 관리 체계 등을 지원 받을 수 있도록 안내해주고 준비를 도와준다면, 파송 교회나 다른 후원자의 부담 없이도 가성비가 높은 선교사 파송의 좋은 대안으로 삼을 수 있을 것이다.

 또한 전문 경력과 오랜 사회 경험을 지닌 평신도 시니어들은 평생 목회에만 전념해 온 목회자 선교사와 차별화되는 값진 경험과 경력이라는 경쟁력을 보유하고 있기 때문이다.

 필자는 사역지 현장에서 스스로 겪은 경험을 통해, 그리고 주위의 많은 선교사들로부터의 직접적 목격으로 이런 사실을 확인할 수가 있었다.

- **이 나이에 어떻게 시니어가 선교를?**

 그러나 이런 의문이 들 수가 있다. '과연 평신도 은퇴자가 목회자와 같은 선교를 잘 감당할 수 있을까?' 뿐만 아니라 '젊은이들도 어렵다는 이국땅에서, 그것도 열악한 생활환경과 기후 조건들 속에 시니어들이 현지어 공부를 하고 타문화에 잘 적응할 수 있을까?'라는 의문이 들지 않을 수 없다.

또한 이론적인 타당성과 목회자 선교사의 대안이라는 논리만으로 선뜻 나서기가 쉽지 않은 것도 사실이다.

결론부터 말하자면, 쉬운 일은 아니다. 그러나 선교는 하나님의 지상 명령이며, 성경에서도 모세, 갈렙 등의 시니어들과 빌립, 스데반 등 평신도 선교사들의 많은 예에서 보듯이, 나이와 신분을 초월해 '하나님이 함께하신다'는 확신만 있으면 누구나 가능한 일이다.

이는 필자가 지난 10년간 평신도 시니어 선교사로서 몸소 현장에서 체험한 바이다. 또한 이러한 문제들의 해결을 위한 전문 시니어 선교 지원 및 준비를 돕는 기관과 단체들이 이제 손만 뻗으면 바로 닿을 수 있는 곳에서 쉽게 만날 수 있기 때문에, 앞서 겁먹을 필요는 더더욱 없다.

하나님의 부르심 2006. 10

그동안 하나님으로부터 받은 은혜가 너무나 컸다. 군(軍) 전역 후 첫 직장인 대학 총장 8년 근무가 끝날 시점부터 이 은혜의 보답을 위한 길을 놓고 기도하던 중 뜻밖에 하나님께서는 다른 길을 허락하셨다.

통상 군 장성이 전역 후 갖는 직장의 근무 연한이 2년이고 특별한 경우 4년에 불과한데, 필자에게는 8년간의 총장 직을 마치자 또다시 다른 한 기독교 대학으로 인도해 주셨다.

당시 그 학교에는 매주 채플 시간이 있었으며, 교목이 채플 인도자 섭외를 하면, 그 강사의 안내와 소개 등은 필자가 주로 맡고 있었다.

대학 교회 청년부인 우리 학생들이 매년 여름방학과 겨울방학 중 필리핀으로 단기 선교를 갔다. 하루는 선교를 갈 때마다 이들의 활동을 돕고 지원해 주는 선교사를 채플 강사로 모셨다.

채플 순서를 다 마친 후에, 이 선교사와 점심을 함께 하면서 궁금한 질문 몇 가지를 비롯한 여러 대화를 나누게 되었다. 필자가 "목사님은 왜 선교사가 되셨나요? 현지에서는 어떤 사역을 하고 계신가요?" 하고 묻자 "장로님, 선교지에 한번 와 보시면 다 알 수 있습니다" 하며, "한번 와보세요"라고 필자에게 제의했다.

그날 퇴근 후 이 이야기를 아내와 나누었다. 그러던 중 누가 먼저라 할 것 없이, "우리 이제 세상일을 그만하고 하나님의 일을 하면 어떨까요?" 하고 서로에게 질문하고, 뜻을 모았다.

이는 우리 부부의 오랜 기도에 대해 하나님께서 응답해 주신 것으로, 하나님이 이 일을 행하신 것임에 틀림이 없다는 확신이 들었다. 이는 분명 하나님께서 주신 마음이었다.

불교 가문의 장손인 필자에게 하나님은 모태신앙의 아내를 허락하셨다. 서른 즈음에 하나님을 영접하는 늦둥이 믿음의 축복

▲ 해군사관학교 생도 시절 모습

▲ 해군 전역식

▲ 남해대학 총장 취임

1. 왜 선교를 하려 했나?

을 받았다. 결혼 후 아내의 기도와 헌신으로 필자의 부모, 형제자매 모두가 하나님을 영접하게 되었고, 이후 필자가 가장 오래 복무한 해군사관학교의 군 교회에서 첫 장로로 임직을 받는 은혜를 입었다.

또한 하나님께서는 젊은 시절에 계속하여 공부할 수 있는 기회를 주셨다. 전액 국비인 해군사관학교에서 교육을 받은 것만도 감사한 일인데, 이후 서울대학교와 부산대학교에서 조선공학 박사학위 취득의 길을 열어주셨으며, 독일과 미국 유학을 거쳐 해군사관학교 교수로 20여 년을 근무하게 하셨다.

그러던 중 해군사관학교 교수의 최고위직인 교수부장으로 임명되는 영예에 더하여, 해사 교수로서 최초의 제독(장군)으로 진급하는 복도 받았다. 심지어 군복을 벗기도 전에 미리 다음 일터였던 신설 대학 총장직까지 예비해 주셨다. 하나님께서 내 삶에 허락하신 은혜는 일일이 열거하기 어려울 정도이다.

하나님의 행하심 2006. 10

앞서 언급한 선교사의 선교지 방문 제안이 지금 이 글을 쓰게 된 계기로 이어질 줄은 꿈에도 몰랐다. 우리 부부는 삶의 여정을 인도하신 하나님의 크신 사랑과 은혜에 대한 빚을 갚고 싶은 마음에 사로잡혀 기도로만 준비하고 있었다. 그 길이 어디에 있을까를 알고자 고심하고 있던 중이었다.

결론적으로 그때 그 선교사와의 만남과 선교지 방문 제안으로 오늘 이 책이 세상에 나오게 되었다. 모두가 하나님께서 행하신 일임에 틀림이 없다.

2.
선교 결심과 사전 준비는 어떻게 했는가?

하나님의 예비하심 – 선교 예정지 1차 탐방 2007. 4.

전역 후 두 번째 직장이었던 대학의 계약을 1년 앞당겨 3년 만에 사직을 할 때에 나이 60이 조금 넘었다. '지금까지는 세상일에 충실했으니 하나님의 일을 지금 시작한다 해도 세상살이 기간의 절반인 30년밖에 되지 않을 것 같아, 이 절반만이라도 선교에 쏟고, 남은 삶은 2배로 하나님께 더 열심을 다해야겠다'고 다짐했다.

이와 같은 결정을 하고 나니 너무나 마음이 편하고 감사가 넘쳤으며, 새로운 세상을 열어 나갈 준비로 더 바빠지기 시작했다.

2007년 4월, 2주간의 일정을 계획하고 필리핀으로 떠났다. 먼저 선교지 현장을 둘러보면서 선교에 대한 이해를 갖기로 했다. 그 당시만 해도 선교에 대한 예비지식이 전혀 없이 그냥 열정만으로 간 것이다.

 첫 주에는 미리 알고 지내던 장로님 가정이 우리를 필리핀 남부의 다바오(Davao)로 초청하여 그가 사역을 돕고 있던 10년차 선교사의 사역 현장을 직접 둘러보았다. 선교센터의 시설과 현지 교회, 농촌과 산골 지역 사역을 위한 목회자 양성 신학교, 도회지 유학생 학사(간이 기숙사), 협력 사역 중인 도시 교회 등 광범위한 사역 내용과 현장을 살펴보았다. 선교사로서 현지 생활 적응을 위한 여러 준비 중 확고한 영적 결단 이외 특별히 영어와 컴퓨터 활용 능력 배양의 필요성을 절감하였다.

 이어서 다음 1주의 선교지 방문은 중부 필리핀의 앙겔레스(Angeles) 지역이었다. 우리에게 처음 필리핀에 올 것을 제안했던 그 선교사가 자신의 사역지 모두와 협력 사역 현장을 두루 안내했다. 사역과 생활 전반에 대한 자세한 설명을 들려주었다. 산골 빈민 사역, 농촌 지역 교회 개척과 설립, 어린이 급식 사역과 청소년 교육 사역, 협력 신학교 사역, 농촌 교회 목회, 그룹 성경 지도와 학생 성경공부 지도 등등에 동행하면서 우리 부부는 선교의 눈을 조금 뜨게 됐다. 귀한 관찰과 배움의 시간이었다.

하나님의 인도하심 - 선교 예정지 2차 탐방 2008. 5

 1차 탐색을 마치고 왔어도 "왜?", "어떤 선교를 하려는가?"라는 스스로의 질문에는 "하나님의 은혜에 보답하기 위해"라는 대답 이외에 무엇을 어떻게 할지 구체적으로 잡히는 게 없었다. 그냥 '하나님의 일', '선교사를 돕는 일'이 대답의 전부였다.

그러면서 출석 교회에 더 봉사하고 더 잘 섬기자고 다짐하면서 선교를 위한 기도를 계속하며 시간이 흘러갔다.

40여 년 이상의 군과 직장 생활에서 벗어나 사회 적응 기간으로 1년여가 지났을 즈음 하나님께서 필리핀에 다시 가보게 하셨다. 1년 전 다녀간 앙겔레스의 그 선교사 집에서 아내와 1주일을 머물렀다. 하나님께서는 보다 더 구체적인 선교사 생활과 사역 전반을 살펴볼 기회와 함께 우리가 해야 할 일을 보여주셨다.

• 가르치는 일 2008. 5

그때 이 선교사가 "장로님은 무슨 일을 하고 싶으세요?"라고 물었다. "선교사를 돕는 일을 하고 싶다"라고 처음부터 하나님께서 부어 주신 마음을 밝혔다. 그러자 이 선교사는 "현지 젊은이들에게 복음을 심어주어 그들이 그들의 다음 세대를 복음으로 양육하는 일이 가장 귀한 사역이 아닐까요?"라고 하면서 "장로님은 교수요 박사학위도 있으니 이곳 대학에서 강의를 하면서 젊은이들에게 하나님의 말씀을 가르치면 좋을 것 같습니다"라고 제의했다.

사실 필자도 현역 생활 대부분을 강단에서 보냈기에 가르치는 것이 가장 잘할 수 있는 일이며 쉬운 일이라 생각했기에 "그게 좋겠다"라고 화답했다. 그리하여 이 선교사가 잘 알고 있던 대학(SACT; Saint Anthony College of Technology)을 방문해 이사장과 총장을 만나 필자의 계획을 설명하였다. 그들은 그런 필자를 반겨주었다.

▲ SACT대학 방문 기념

하지만 저자의 전공인 조선공학과가 그 학교에는 개설되어 있지 않았다(주; 필리핀 대학에 공학계열 학과는 거의 없음). 그래서 관련 기초 과목인 수학이나 물리를 가르치려 하였으나 학교 측에서는 필자가 아니면 가르칠 수 없는 과목인 '한국어' 강의를 해 달라고 요구해왔다. 그리고 그 자리에서 바로 한국어 원어민 초빙교수로 결정이 되었다.

하나님께서는 평생 해온 '가르치는 일'을 통해 하나님 나라 확장과 하나님의 일을 하게 하셨다. 하나님께서 선교에 열정을 가진 시니어 선교 희망자를 위해 그 구체적인 사역 계획을 미리 예비하고 계셨음을 깨닫는 데는 그로부터 그리 오래 걸리지 않았다.

3. 선교를 위한 준비는 어떻게, 무엇을 했나?

외국인에 대한 한국어 교사 자격 준비와 영어, 컴퓨터 활용 능력 공부

2008. 6~2009. 10

　한국으로 돌아와 이제 본격적인 선교 준비에 들어갔다. 우선 한국인이면 누구나 한국말을 잘하니 한국어 교사가 될 수 있겠지만 필자는 그때부터가 오히려 더 두려웠다.

　일단 필리핀 대학생들에게 한국어를 영어로 가르쳐야 하고, 그들에게는 외국어인 한국어를 어렵지 않게 잘 배울 수 있도록 하기 위한 교수법과 외국인의 한국어 수강 문제점 등을 먼저 파악하고 싶었다.

　예상 밖에 길은 가까이에 있었다. 그것은 서울대나 연세대 등 여러 대학에 개설되어 있는 '외국인 한국어교사양성과정' 이수였다. 당시 서울대 언어교육원에는 한국어교사 양성과정으로 정규과정과 집중과정이 개설되어 있었으며, 이중 정규과정은 1학기 동안 최소 4개월 이상을 출석해야 하므로 집중과정인 4주간 과정을 택해 본격적인 준비에 돌입했다.

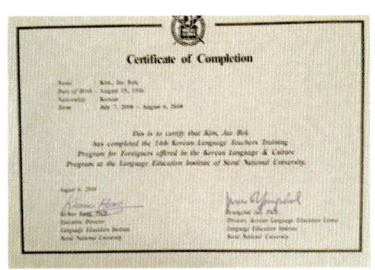

▲ 외국인 한국어교사 수료증

그리하여 2008년 여름학기(제14기) 집중과정에 입학 신청을 하여, 4주간 1일 6시간씩의 강의와 발표, 모의수업 및 과제 등을 이수하였다.

참고로 지금 선교지에 수요가 많은 한국어 강의 준비자는 거의 대부분의 대학에 개설된 교사양성과정 이외에도 재외동포재단, 세종학당, 국어원 등 여러 한국어 교육기관이나 관련 사이트를 통하면 큰 도움을 받을 수 있다. 또 사이버 대학 등을 통해서도 필요한 과정 이수가 가능하며 관련 정보를 쉽게 얻을 수가 있다.

사역을 위해 한국어 교육과 함께 영어 강의를 위한 준비도 했다. 마침 군 전역자들을 위한 영어 교육 과정이 육군행정학교에 개설되어 있음을 알게 됐다. 중급반과 고급반 두 반에 등록하여 회화를 중심으로 입시 공부하듯 열심을 다했다.

아울러 강의 교재 제작을 위한 컴퓨터 활용 공부도 역시 육군행정학교의 컴퓨터 교실과 구청 문화원에 개설된 실버 컴퓨터 교실에 등록하여, 피피티(ppt) 교재 작성법과 디지털 사진 편집, 포토샵(photoshop) 등을 공부했다.

하나님과의 관계와 지속적 영성 유지를 위한 준비 2008. 6~2009. 11

선교지에 나가기 위해서는 영적 무장을 그 어떤 준비보다 우선 해야 한다는 주위의 조언을 참고하여 2008년 6월 순회선교단이 주관하는 '복음학교' 27기에 입학했다. 1주간 합숙을 통한 기도와 말씀 공부를 통해 총체적 복음 앞에 자신을 세워, 십자가 복음을 다시 깊이 경험했다.

이와는 별도로 매월 순회선교단의 '복음기도모임'에 참석하여 스스로를 계속 연단했으며, 출석 교회의 새벽 제단을 쌓았다. 그리고 군 예비역 크리스천 모임인 '여호수아회'의 주례 조찬 기도 모임에서 선교지를 향한 기도를 계속해 나갔다.

재정 관리, 건강 검진 및 주변 정리 2008. 10~2009. 11

국외 장기 선교를 나가기 위해 준비해야 할 중요한 일이 또 있다. 한국에서 지금까지 살던 집을 처분하는 일, 도중에 잠시 귀국할 경우의 거처, 한국에 남아 있는 가족과의 관계 정리도 제법 긴 시간을 요구한다.

필자의 경우, 결국 막내아들 집에다 주민등록지를 옮겼다. 방한 칸을 비워 우리의 살림 일부를 보관하고, 일시 귀국 시의 거처로 정리하는 데에만 6개월여가 소요되었다. 기타 살림살이는 모두 필리핀으로 보내기로 했다. 당시에는 사역지에 뼈를 묻기로 각오하였기에.

필리핀 선교사의 큰 애로는 현지의 의료보험 혜택을 받을 수 없다는 것이었다. 또 병원비가 매우 비싸고 한국과 같이 원활하고 수준 높은 의료 서비스를 받을 수 없다. 따라서 출국 전 건강검진을 통해 신체 이상 유무를 알아보고 치아 검진 및 사전 치료 등은 필수이다.

이외에도 선교비 관리 등을 위한 인터넷 뱅킹도 빠트릴 수 없는 사항이다. 인터넷 전화 개설, 장기 체류를 위한 주재국 규정에 합당한 비자 발급 서류 등도 반드시 챙겨야 할 요소다.

4.
선교사 파송 2009. 12

이제 나름대로의 출발 준비는 거의 끝나가고 있었다. 자비량 선교사인 우리는 주일헌금, 감사헌금, 십일조 등을 사역지 교회에 바치기로 했다. 그러면 교회의 유지를 비롯한 사역에 요구되는 최소한의 재정이 뒷받침될 것으로 판단했다.

아울러 필리핀은 우리나라보다 생활비가 저렴하기 때문에, 그 차액만큼을 선교에 할애한다는 나름 '자비량 선교 사역의 재정 계획'을 세웠다. 그리하여 그 누구로부터도 지원을 받지 않고 떠날 생각이었다.

그러나 출석 교회 성도는 물론 담임 목사님도 '교회 파송 선교사'로 보내기를 강력히 원하는 상황이 되었다. 그도 그럴 것이 담임 목사님께서는 평소 선교를 강조하신 데다 교회에서 선교사를

▲ 장지교회 선교사 파송장　　▲ 장지교회 선교사 파송예배

파송하고 싶은 열망과 기대가 매우 컸으나 적임자를 찾지 못해 망설이던 시점이었다. 이에 우리는 모교회의 첫 파송 선교사로 선정되었다.

2009년 12월 20일 파송 예배를 드린 다음 그날 밤 필리핀 행 비행기에 몸을 실었다.

파송 선교사는 매월 정액의 선교비를 교회로부터 지원받는다. 엄밀히 자비량 선교 원칙은 처음부터 깨어졌다. 하지만 교회로부터 지원받은 선교비로는 당초 계획하지 않았던 현지인 학생들을 비롯한 신학생들의 장학금과 교회 유지비 등에 활용했다. 이를 바탕으로 선교 영역을 더 확장해갈 수 있었다.

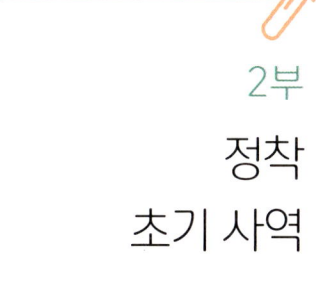

2부

정착 초기 사역

1.
초기 정착 및 적응기

비자 2009. 12~2010. 1

    외국을 방문하거나 외국에서 생활을 하려면 가장 먼저 해결해야 할 것이 있다. 해당국의 체류 허가 비자를 받는 것이다. 선교지 대상 국가는 각기 그 나라의 기준에 따라 비자 정책을 채택하고 있어, 사전에 해당국 대사관이나 외무부 홈페이지 등을 통해 확인하여 미리 준비해야 한다.

    필자의 경우인 필리핀에서는 대한민국 국민은 여권만 있으면, 비자 없이 최장 30일까지 체류할 수 있다. 그 이상은 체류 목적에 따른 비자를 발급받아야 한다.

    선교사는 2년마다 갱신하는 선교사 비자가 일반적이다. 그러나 2년마다 갱신에 수반되는 절차의 번거로움과 2년 후면 또 지불해야 하는 보증금과 수수료 200여 만 원은 결코 적은 금액이 아니다.

▲ 필리핀 은퇴비자(SRRV) 사진

필자와 가족은 그 당시 필리핀 정부가 권장하는 '은퇴비자'를 발급받았다. 현재 연금수급자는 1만 달러의 보증금과 약간의 추가 경비만으로 은퇴비자 발급이 가능하며, 이 보증금은 나중에 다시 환급이 되므로 많은 선교사들도 지금은 이 은퇴비자를 선호한다. 은퇴비자는 가까이에 믿을 만한 대행 기관이 많아 절차를 따르기만 하면 비교적 쉽게 발급이 가능하다.

정착(이사, 집, 차, 인터넷 등) 2010. 1

현지에 거주할 집은 나라마다 지역마다 그 상황이 다양하나 값싸고 여건이 좋은 집을 구하기란 어디나 어렵다.

필자는 협력 선교사의 도움으로 한국 선교사들이 많이 살고 있는 주거단지 내의 월세 집을 필리핀의 주택 임대(rent) 관습에 따라 1년 단위로 계약했다. 비록 매년 집세 인상 요구를 받기도 하였고, 집주인의 요구나 다른 사정으로 세 차례의 이사를 경험했지만, 단지 내의 10년 생활은 잘한 판단이라 여겨진다.

현지인과의 생활을 통한 현지어 습득과 현지 문화에의 빠른 적응, 저렴한 주택비 등을 이유로 처음 현지인 거주 지역에 정착했다가 몇 차례 귀중품 도난 등의 어려움을 겪은 선교사의 선례도 있기 때문에, 시니어 선교사들에게는 안전하면서 여러 선교사들이 함께 지내는 주택단지 거주를 권하고 싶다.

지금은 해외 이삿짐 취급 업체들이 많아서 한국에서 필리핀으로 쉽게 이사할 수 있다. 다만 배로 옮겨야 하기에 1개월 정도의 운반 기간을 감안해야 한다. 필리핀 날씨는 겨울옷이 필요없다. 에어컨을 포함한 전자제품은 현지에서도 한국과 비슷한 가격에 구입이 가능하며 A/S도 받을 수 있다. 이삿짐은 해당 지역 거주 선임 선교사들의 조언을 참고하여, 본인의 여건과 상황을 감안해 마음에 맞게 결정하면 된다.

자동차는 사역과 생활의 필수품이므로 도착과 동시에 당장 필요한 물품 중 하나다. 적당한 크기, 마력과 성능을 체크해 준비하면 될 것이다. 다수 선교사들이 정착 시 선교비 절약을 위해 비교적 싼 값에 나온 중고차를 고려하기도 한다. 물론 괜찮은 중고차를 사용하는 선교사들도 있지만, 필자는 먼저 온 선교사의 조언으로 새 SUV(스포츠유틸리티차량)를 구입해 10년 동안 아무런 말썽 없이 사용할 수 있었다.

운전면허증의 경우, 필리핀은 간단한 절차를 거쳐 한국 면허증에서 곧바로 필리핀 면허증으로 교환이 가능하다. 국제면허증은 입국 후 3개월간 유효하기 때문에 따로 준비해 오면 한국 면허증을 필리핀 면허증으로 교환 절차를 밟는 동안에 사용할 수 있어 꼭 챙길 필요가 있다.

　이국 생활의 필수인 인터넷은 한국만큼 빠르진 않지만, 몇 개의 통신사가 서비스를 하고 있다. 도착과 동시에 바로 신청하면 며칠 내 연결이 가능하여 카카오톡, 이메일, 인터넷 전화(070 전화) 통화도 가능하다.

현지어(타갈로그어) 공부 2012. 6~

　사역 현장에서 가장 중요한 것 중 하나가 현지어 구사 능력이다. 특히 필리핀은 영어가 공용어이기 때문에 영어만 준비해 오면 전혀 무리가 없다고 말하는 선교사가 있고, 또 그렇게 사역하는 선교사가 적지 않은 것도 사실이다. 또한 고학력자나 부유층들은 영어를 오히려 즐겨 사용하고 있기 때문에 의사소통이 가능하다. 그러나 이들도 자신들의 감정이나 친숙감을 더한 대화에서는 현지어인 타갈로그어를 쓴다.

　특히 상대방의 심령을 움직여야 하는 선교 사역을 위해서는 현지어에 능통할 필요가 있다. 게다가 다수의 선교사는 필리핀의 중류 이하 저소득계층 거주지에서 사역하고 있다.

　필자의 경우 사역 2년 뒤 도시 빈민촌 사역을 시작하게 되면서 현지어 구사 능력의 필요성을 절실히 느꼈다. 이들은 하루 벌어 하루를 사는 생활고로 주민 다수가 정규 교육을 못 받은 지역이다 보니, 영어로는 기본 대화도 쉽지 않은 곳이었다. 따라서 선교사가 선교지 현지어 구사 능력 없이 사역을 한다는 것은 처음부터 선교의 한계를 정해 놓고 사역을 하겠다고 나서는 것과 같다.

필자는 현지어 필요를 절감하여, 그때부터 독학을 시도했으나 생각한 대로 진전이 되지 않아 타갈로그어를 가르치는 선교사의 강좌를 수강했다. 또한 선교사협의회에서 마련한 단기 특강 코스를 듣는 등 나름대로 열심을 다했다.

지금 선교를 준비하고 있다면, 필자는 감히 당장 사역 예정지 현지어나 아니면 영어회화 공부부터 준비하라고 권하고 싶다. 이제는 온라인(on-line)상에서도 많은 외국어 공부 자료들을 쉽게 구할 수 있어 미리 이들 자료에 의한 독학도 가능하다.

언어가 잘 준비된 자와 그렇지 못한 자의 사역 차이는 너무나 클 뿐 아니라 사역에 쏟아야 할 적지 않은 시간을 언어 공부에 보내버린 필자 자신의 경험을 돌아볼 때에, 현지어 준비는 빠르면 빠를수록 좋다. 특히 기억력에 한계가 있는 시니어들의 경우는 더욱 그러하다.

시작 단계부터 현지어를 제대로 구사하지는 못하겠지만 마음의 준비는 어느 정도 하고 있어야 한다. 또한 사역지 도착 후 가장 먼저 해야 할 일이 현지어 공부라는 것을 잊지 말아야 할 것이다.

2. 병아리 선교사 시절

초기 탐색기 2009. 12~

첫 1년은 선교지 현장을 배우는 시기로 정했다. 한국에서 채플 인도자로 만난 협력 선교사의(1부 1항 참조) 사역 현장에 동행하면서 현지 적응부터 해나가기로 하였다.

그 선교사가 개척한 삐아스(Pias)교회의 주일예배 참석이 첫 현지 경험이었다. 이곳 필리핀 교회의 문화, 관습, 예배 절차 등을 느낌으로 배우며, 이해하지 못하는 현지어 가사의 찬양을 같이 부르곤 했다. 설교 시간의 타갈로그어는 전혀 이해할 수 없었으나 꾹 참고 끝까지 기다리는 훈련부터 해나갔다.

한 달이 채 되기 전에 어느 한 성도가 자신의 생일잔치에 초청하여 간단한 축하 예배를 드린 다음 나온 음식에 절반은 파리가 까맣게 앉아 있었다. 그래도 맛있게 먹어주는 훈련도 해야 했다.

또 새 교회 개척을 위해 실시 중인 성경공부에 동행하여, 한여름 양철 지붕의 뜨거운 열기가 숨이 막히게 했으나, 이런 사역에 초기 동행한 경험은 후일 현지인과의 관계 설정에 정말 좋은 참고가 됐다.

뿐만 아니라 원주민들이 거주하는 산지 비포장도로를 차로 2시간 넘게 달리고 강을 건너 산중턱에 있는 교회에 가서 분유를 공급하는 일에도 동행했다. 이는 후일 어린이 급식 사역의 좋은 예습이었으며, 또 교회 건축 현장에 동행하여 함께 지낸 시간은 몇 년 후 독립 사역 때 교회 건축의 밑거름이 되어주었다.

이 협력 선교사와 함께한 주일 간식과 건축자재 구입 동행, 선교센터에서의 여러 선교사들과의 공동 사역, 교회 청년들의 연합 수련회 및 신학교 교육 현장 동참 등 초기 1년여 간은 하나님께서 미리 하나하나 예비해 두신 좋은 배움의 과정들이었다.

삐아스(Pias)교회의 주일학교 시작 2010. 1~

필리핀 도착 3일째 선교지에서의 첫 주일이었다. 협력 선교사의 사역 교회인 삐아스교회로 함께 가기로 한 날이다. 집에서 주일 새벽 묵상의 시간을 가지면서 하나님께 기도했다. 요한복음 17장 4절 말씀이 떠올랐다.

"아버지께서 내게 하라고 주신 일을 내가 이루어 아버지를
이 세상에서 영화롭게…."

그렇다. 하나님의 뜻을 따라, 하나님께서 원하시는 일을 통하여 오직 하나님께만 영광을 올려드리는 선교사의 길을 걸어야겠다는 마음이 나를 지배했다.

1시간 정도의 거리인 삐아스 마을 입구에 도착하니, 교회 주위에 가장 먼저 눈에 들어오는 건 어린아이들이었다.

필리핀은 18세 이하의 젊은이가 전체 인구의 80% 이상이며, 그중 초등학생 이하가 또 그 70% 이상임이 알려져 있었으나, 이렇게 아이들이 많음에 놀라지 않을 수 없었다.

그러나 이 교회는 주일학교가 없었다. 저들에게 먼저 하나님을 알도록 하면 좋겠다는 마음이 나를 뜨겁게 했다. 바로 그 선교사에게 "주위에 어린이들이 많이 보이는데, 왜 주일학교를 하지 않느냐?"라고 물었다. 그는 "가르칠 교사가 없는 데다 지금까지 필요를 느끼지 못했다" 하면서 "예배시간 조정과 어린이 의자 등 집기류 확보도 쉽지 않다"라고 답했다. 그러면서 "주일학교를 시작해보겠느냐?" 하고 제안했다. 필자는 바로 "하겠다"라고 답했다.

평생 교육자로 살아온 필자에게 하나님께서 오늘 새벽에 드린 기도에 응답해주신 것으로 여겨졌다.

- **주일학교 준비** 2010. 1~2010. 3

　협력 선교사는 필자에게 모든 일을 일임하였다. 그러나 한국어 강의만 준비하여 선교지로 온 터라 주일학교를 위한 필요들을 먼저 조사하고 그 준비 과정을 밟아야만 했다.

　우선 주일학교를 시작하기 위한 교사와 교육장소 등 교회 여건부터 확인한 다음, 교사들을 먼저 선발하여 준비하기로 하였다. 교회 청년들을 모아 저들이 원하는 한국어 공부를 시작하면서 친분부터 쌓아갔다.

　한국어 강의를 통해 그들이 열망하는 한국 취업 가능성을 설명한 다음, 그에 앞서 하나님과의 관계가 더 중요하므로 이를 위해 주일학교 교사를 맡아주도록 당부했다. 감사하게도 모두 적극 동참하기를 희망하였다. 주일학교의 필요성과 교사의 역할 등을 가르쳐주고 교사로서의 자세도 교육시켜 나갔다. 그전부터 교회의 리더 역할을 하고 있던 몇몇 청년들은 이미 교사로서의 훌륭한 자질을 갖추고 있었다.

　아울러 어린이 주일학교 교재와 어린이 성경 등 관련 교재를 이들 청년들의 도움을 받아 시내 기독교 서점을 통해 확보하였다. 영어와 현지어로 된 교재들이 생각보다 많아 1차적인 어려움이 해결되었다.

　바로 이어 어린이용 의자 100개와 작은 캐비닛 등 필요한 집기를 마련하고 어느 정도 교사들의 준비가 되었음을 확인한 다음, 주일학교 개학 날짜를 잡고 어린이 초청장을 교인들과 청년들이 주위 마을에 돌렸다. 모든 준비에는 3개월이 걸리지 않았다.

- 주일학교 시작 2010. 3~

　초청에 응한 130여 명의 어린이들과 함께 찬양과 율동으로 개강 예배를 드렸다. 드디어 필리핀에서의 첫 사역인 뻬아스교회 주일학교를 시작하게 되었다.

　어른들의 주일 오전 예배 시간을 감안하여 주일학교는 오후에 실시했다. 기존 교회 일정과의 마찰을 피하면서 전 교인들의 협조를 구하고 그들의 자녀들의 출석을 독려했다. 교사들의 기도가 뜨겁게 이어졌다. 인근 부락별로 출석 지원팀의 편성과 매주 간식을 제공하고 색다른 프로그램을 도입함으로 빠른 정착이 가능했다.

　초보 선교사의 첫 사역은 이렇게 순조로이 시작할 수 있었다.

　필자의 사역 시작이 주일학교였다는 사실은 큰 축복이었으며, 또 뻬아스교회 주일학교는 필자의 후일 필리핀 선교 사역의 귀한 시발점이 됐다. 군인이면서 교육이 평생 경력이었던 필자에게 '하면 된다'는 자신감을 주었을 뿐 아니라, 필리핀 복음화의 미래는 이들 어린이들을 가르침으로부터 시작됨을 하나님께서 제시해주신 것이다.

　아울러, 앞으로 행해야 할 선교 사역은 차세대의 복음화이며, 이에 매진하라는 하나님의 뜻에 순종하여 이후의 선교 방향으로 삼았다.

▲ 삐아스교회 첫 인사 　　　　▲ 삐아스교회 주일학교 교사 지도

또한 필자가 현역 시절 평생 종사해온 일이었던 가르치는 일로 첫 사역을 출발한 것은 하나님께서 이때를 위해 미리 준비해 두셨다는 확신도 들었다. 하나님께서 필자를 은퇴 후 시니어 평신도 선교사로 선교지에 보내신 깊은 이유가 분명히 있었던 것이었다.

SACT대학 한국어 강의 2010. 6 ~ 2012. 3

선교지 도착 6개월여 후, 필리핀 각급 학교의 새 학년도가 시작되자(주; 필리핀의 신학년도는 당시 매년 6월부터 시작) 이미 언급한 SACT 대학에서 이 대학의 부설 고등학교와 대학생까지 한국어 강의를 맡아달라고 요청해 왔다(1부 2항 참조).

그러나 필자는 1주일에 하루만 강의가 가능하다고 설명하여, 첫 학기는 고등학교 고학년과 SACT대학의 제2외국어 선택반 강의만 맡기로 결정했다.

▲ 삐아스교회 주일학교 개강예배　　▲ SACT대학 한국어 강의

　수업은 1학기 동안 필자가 한국에서 미리 준비해간 성경말씀 중심의 교재로 한국어의 기초를 익히게 하고, 다음 학기부터는 1년간 한국어 회화를 가르치며 하나님을 소개했다.

　이후, 이 대학 재단이 설립한 또 다른 SMT(Saint Mution Technology) 대학에서도 한국어 강의를 요청하여, 함께 1년 더 강의를 했다. 2개 대학에서 한국어 강의를 통해 복음을 전하고 천국을 소개하는 귀한 시간이었다.

　이어 SACT대학과 SMT대학에서 야간 평생교육원에 한국어 강의 신설을 요구해왔으나, 강의에 대한 부담이 너무 커서 모두 사양했다.

　당초 SACT대학의 한국어 강의를 통한 학원 복음화를 주 사역으로 필리핀에 왔으나 이는 긴 시간이 요구되는 사역이었으며, 삐아스교회 주일학교(2부 2항 참조)와 이후 커피 재배(2부 4항 참조), 비칼교회 사역(2부 4항 참조) 및 ROS교회 주일학교 사역(3부

▲ SMT대학 한국어 강의

1항 참조)까지 겹치게 되어 결국 SACT대학의 한국어 강의는 2년 만에 중단하였다.

그러나 한국어 강의는 복음 소개에 유용한 매체가 됨을 확인할 수 있었으며, 특히 다수의 고교생과 대학생 등 차세대와의 쉬운 만남이 가능한 도구가 됨을 확인할 수 있었다.

3.
한국어 강의 지원을 통한 선교사들과의 협력

랄라(Lala)학교 및

트루라이트(True Light)학교 한국어 강의 2011. 6 ~ 2013. 3

한국에서 한국어 교사 과정을 이수하고 온 평신도 선교사가 대학에서 한국어 강의를 한다는 소문이 지역 선교사 사회에 알려지자, 몇몇 선교사들의 협조 요청이 들어오기 시작했다. 처음부터 '선교사를 돕는 선교'를 표방하고 왔기에 이를 적극 수용하여, 힘닿는 대로 도왔다.

먼저 아내와 함께 큐티(QT) 모임을 갖고 있던 여선교사들로부터 요청이 왔다. 학교 사역을 하는 K선교사의 인터그레이티드 스쿨(Integrated School, 초중등 통합형 학교)인 랄라학교 학생들의 방과 후

 ▲ 랄라학교 한국어 강의
 ▲ 트루라이트학교 교사 한국어 강의

활동을 지원했다. 한국어반 25명의 학생들을 맡아 SACT대학 한국어 강의와 동일한 교재로 하나님을 소개하였다. K선교사의 학원 복음화 프로그램에 연결하여 주 1시간씩 2년 가까이 가르쳤다.

그와 비슷한 시기에 또 Y선교사가 운영하는 트루라이트 학교에서 아내가 발레 지도를 맡고 있었다. 매주 하루씩 1시간이 걸리는 아내의 등교를 도왔다. 그러자 이 선교사가 필자에게 이 학교 교사와 그 선교사가 설립한 교회의 목회자 등 총 20여 명에게 초·중급 한국어 강의를 부탁해 왔다.

모두 선생님과 교회 목사들이라 빠르게 진도를 나갈 수 있었다. 배우고자 하는 열의가 그 어느 곳보다 강했으며, 강의 수준도 높일 수 있었다. 그중 가장 열심을 다하던 한 필리핀 목사는 후일 3년간 한국 유학을 통해 석사 과정을 이수하였다.

한국어 동시통역대학원 한국어 강의 2011. 6 ~ 2012. 3

한국 선교팀이나 세미나 인도자들이 필리핀을 방문하면 현지인들에게 설교나 영성 훈련을 주로 한국어로 실시한다. 이때 일반 통역사는 한국어로 하는 설교나 강의 내용의 정확한 의미를 현지인들에게 100% 전달하기가 쉽지 않다. 비록 한국어와 현지어를 동시에 구사할 줄 아는 사람이라도, 인도자들의 깊이 있는 영성을 담은 내용을 현지인들의 눈높이에 맞추어, 저들의 감각에 맞는 용어로 하나님의 마음을 담아 통역하는 것이 쉬운 일이 아니기 때문이다.

이런 까닭에 뜻있는 몇몇 선교사들이 가칭 '한국어 동시통역대학원'을 설립하여, 한국어 집중교육을 통해 한국어-타갈로그어 동시 통역사를 키우기로 하였다. 선교사들이 섬기는 교회의 유능한 젊은이들을 전액 장학생으로 선발하여 한국어 집중교육을 시키기로 하고 주위의 한국어 강사들에게 협조를 구해 왔다. 필자도 이곳에서 주 1일 3시간씩 1년간 한국어 강사로 봉사했다.

▲ 동시통역대학원 한국어 강의

BIC신학교 한국어 강의 2012. 6 ~ 2014. 3

한국인 선교사가 설립 운영 중인 BIC신학교에서도 한국어 강의를 요청해 왔다. 한국어 강의 경험이 어느 정도 축적이 된 때이고 상대가 신학생인지라, 성경과 찬송 및 생활 용어를 중심으로 강의를 했다.

2년간 주 2시간씩의 강의를 통해, 필리핀 차세대 목회자들의 신앙관과 목회 비전을 배울 수 있었으며, 한국의 뜨거운 기도생활을 비롯한 목회 방식을 간접 전달하는 기회가 되기도 했다.

또한 BIC신학교 설립자가 당시 지역 선교사협의회 회장직을 맡고 있었다. 덕분에 이 강의를 계기로 지역 선교사들과의 관계가 깊어지게 되었으며, 선교사협의회의 여러 활동에 초청을 받아 많은 선교사들과 교류하게 되는 출발점이 되기도 했다.

▲ BIC신학교 한국어 강의

4. 초기 특별한 선교 경험 두 가지

첫 번째 경험: 비즈니스(커피 재배) 사역 2010. 8 ~ 2012. 10

필리핀에 도착한 지 반년이 조금 지난 어느 날, 한국에서의 마지막 직장이었던 대학의 한 여교수 남편인 P집사가 마침 필리핀에 사업차 들렀다며 저녁식사에 초대했다. 식사가 끝나고 자리를 옮겨 이야기를 이어가던 중 뜻밖의 질문을 받았다.

"장로님, 필리핀에 뭐하러 오셨나요? 선교가 무엇인지 아십니까?"

다소 생뚱맞은 질문이었다. 선교에 관한 필자의 생각을 말해주었다. 그러자 그는 "아닙니다, 장로님! 선교는 돈입니다"라고 하여 순간 깜짝 놀랐다.

연이어 그는 "지금까지 여러 선교사들이 현지인들을 위해 교회를 지어주고, 그때그때 필요를 지원해 주는 그런 방식으로는 한계가 있습니다"라고 하면서 "필리핀의 최대 산업인 농업을 통해 수확이 어떻게 이뤄지는지 알도록 하여, 생계 안정을 도우며 열매를 거두게 하는 분이 하나님이심을 익히게 하고 나아가 감사할 줄 알게 하는 선교가 제대로 된 게 아닐까요?"라는 것이었다.

그는 현지인들에게 커피를 재배하게 하여 자활의 기회를 주고, 수익의 십일조를 통해 감사함을 알게 하자고 제의했다. 그러면서 "장로님은 교육 전문가이니 우선 농민들에게 '왜 커피를 심어야 하는지', '커피 농사로 무슨 유익이 얼마나 있는지', '어떻게 심어 어떻게 관리하는지' 등에 대해 가르치는 일을 도와 달라"고 했다.

커피 전문가도 아닌 데다 새롭게 생소한 부분을 다시 공부해 가르친다는 것이 쉬운 일이 아니기에 사양했다. 하지만 그는 수차례의 부탁과 협력할 대학 교수들과의 만남, 그리고 커피에 대한 예습 자료 제공과 개인 지도를 해주었고, 이어 몇 번의 현지답사와 기도 끝에 이 일에 동참하기로 했다.

그동안 여러 준비 사항들을 확인하고 이 사업을 전담할 법인 MGFI(Morning Glory Foundation, INC.)을 2010년 후반에 함께 설립했다. 또 커피 재배와 관련한 학문적인 이론과 연구결과 등의 지식을 제공받기 위해 그 지역 농업 분야 최고의 국립대학인 PAC(Pampanga Agricultural College)와 상호 업무제휴 협약(MOU)을 체결했다. MOU에 따라 이 대학 실습지 2ha(헥타르·1ha=1만㎡)를 무상으로 제공받아 묘판과 지원 시설을 갖추어 나갔다.

▲ PAC대학의 커피 묘목장

▲ 커피 재배 농민교육

▲ 커피 재배 농민들과 재배지 견학

▲ 커피 재배지 확보를 위한 군부대장과 협의

약 6개월에 걸친 준비와 PAC 교수진의 연구자료 공부 및 여러 차례의 회의와 검토 끝에, 먼저 필리핀 자생 커피 중에 가장 품질이 좋다는 리베리카(Liberica) 종자를 구해 2만 주를 모판에 심고, 전담 회사 아라얏 리베리카 컴퍼니(Arayat Liberica Company)를 창업했다.

이어 1차 커피 묘목을 재배할 장소인 PAC대학 뒤의 아라얏(Arayat)산에 거주하는 농민들을 설득해 커피 재배를 위한 농민조합을 결성했다. 2011년 2월부터 4월까지 PAC 교수들과 공동으로 농민 조합원 70여 명을 대상으로 커피 재배 교육을 실시했다. 주 2회 이론 강의와 재배 농장 현장답사 등을 병행하였다.

이어 MGFI/PAC 및 농민조합과 커피 재배에 따른 3자의 책임과 의무 등을 명기한 계약서를 작성했다. 1년간 자란 커피 묘목 1만여 주를 농민들에게 분양하고 나머지 묘목 1만여 주의 이양을 위해 넓은 땅을 무료로 사용할 수 있는 곳을 물색했다. 여러 후보지의 현장 조사를 통해 인근의 군용지를 최종 선정하고, 관할 군 지휘관을 설득하고 현지답사 등을 거쳐 군 유휴지를 무상으로 사용할 수 있도록 협조를 얻었다.

본격적인 커피 사역이 소문나자 지역 선교사들의 묘목 분양 요청으로 실비에 판매도 했다. 또 산족 원주민의 생계를 돕는 딱한 선교사들에게는 무상으로 커피 묘목을 주었다.

2년차에는 사업 규모를 확장하여 20만 개의 종자를 심기로 하고, 묘판 확대와 재배지 선정 등 업무가 점차 방대한 상황에서 법인 임원의 한국 체류로 필자에게 법인 대표를 맡도록 했다.

법인 대표가 되니 법인 업무의 통할과 재정을 포함한 법인의 모든 행정 업무에다 묘목장 관리 인부의 지휘 감독, 묘목 분양 등 업무가 너무 많았다. 그중에서 재정 관리와 관공서에 보고해야 하는 법인의 업무 감독 등은 처음 해 보는 일로 신경을 많이 기울여야 하며 시간도 많이 드는 일이었다.

새로 시작한 ROS교회 주일학교의 지원(3부 2항) 및 말리왈루교회 시작과 창립 준비(3부 1항) 등으로 더 이상 이 일에 쏟을 시간적 여유가 없었다. 그리하여 2년여 만에 커피 재배 사역 협력의 중단과 MGFI 이사장직을 부득이 사임하였다.

커피 묘목을 통한 비즈니스 선교는 새로운 선교 세계에 대한 많은 경험과 도전이 되었으며, 선교의 또 다른 분야로 큰 흥미와 가능성이 있는 사역으로 생각되었다. 그러나 이 업무만을 전담할 선교사나 관련 사업 유경력자가 맡는다면 훨씬 더 효과적일 것으로 판단되었다.

다시 한 번 평신도 시니어 선교사가 할 수 있는 일은 무수히 많을 뿐 아니라, 자신의 전문 분야를 통한 선교가 더 바람직함을 깨달았다.

또한 특별한 전문 경력이 없는 시니어 은퇴자가 주산업이 농업인 국가를 선교 대상지로 고려한다면, 사전 현지의 기초 조사를 통해 소득 증대와 재배 기술 또는 농기계 지원 등 농업 관련 쪽의 역할도 효과적인 사역이 될 수 있을 것으로 여겨졌다.(6부 1항 참조)

두 번째 경험:
평신도의 목회 사역 준비를 위한 하나님의 인도 2010. 11 ~ 2011. 11

첫 선교 사역인 삐아스교회 주일학교와 SACT대학 한국어 강의, 커피 사역에 한창 열을 올리고 있던 2010년 말에 하나님께서는 필자에게 전혀 뜻밖의 길을 준비해놓고 계셨다.

몇 개월 전, 뇌수술을 받은 한 60대 초반의 목회자 선교사가 의사의 권고에 따라 사역을 잠시 내려놓고 요양과 휴식을 위해 한국으로 철수해야 할 상황을 맞은 것이다. 살던 집과 살림살이의 처분은 해결했으나, 신축한 지 얼마 되지 않은 그의 사역지 비칼(Bical)교회가 남아 있었다.

몇 년 전 작은 성경공부 모임으로부터 시작하여, 교회를 개척하고 파송 교회의 지원을 받아 새 교회를 완공할 때까지 그의 눈물과 땀으로 성장시킨 교회였다. 그러니 100여 명의 성도들과 교회를 그냥 두고 갈 수 없었던 것이다. 자신이 완쾌해서 돌아올 때까지 한시적으로 그 교회를 맡아줄 사람이 필요했다.

그때 하나님께서는 필자를 그에게로 인도하셨다. 그의 사정을 듣는 순간, 선교사를 돕는 선교를 제1의 사역으로 표방하고 온 필자는 서슴없이 "목사님, 그게 무슨 걱정입니까? 제가 맡아드리겠습니다"라고 했다. 그는 "장로님! 1년 후에는 제가 꼭 돌아올 것입니다. 그때까지만 잘 부탁드립니다" 하면서 믿기지 않은 해결에 뛸 듯이 기뻐했다.

그때가 성탄과 연말연시를 앞둔 11월 하순이었다. 목사님으로부터 교회 전반에 대한 설명과 당장 그리고 차근차근히 해야 할 일들, 새해 예산편성과 제직 임면, 직분자 임명 등에 대한 인계를 받은 다음 곧바로 그 교회의 전담 선교사가 되었다.

바로 이 교회의 현지인 목회자로부터 교회 현황 및 성탄 준비와 연말연시에 할 일들에 대한 보고를 받은 다음, 교회 중직자들과 이 일들의 추진에 관한 협의와 함께 협조를 구했다.

생각하지 않았던 평신도 시니어의 목회 사역은 이렇게 시작되었다. 이것은 선교지에 도착한 지 1년도 되기 전의 일이었다.

연말 제직회의 새해 직분자 세우기, 지난 1년간 예산의 집행과 확인 그리고 수요예배와 금요기도회 진행, 청년부와 교회학교 교사 훈련 등 처음 맡아보는 일들이 한둘이 아니었다. 그중에도 교회 재정과 교인 관리, 장학생 선발 등은 어렵지 않게 감당할 수 있었으나 새 가족 심방과 신앙 상담은 쉽지 않은 일이었다.

하지만 하나님은 목회자도 아닌 필자에게 때마다 꼭 필요한 지혜를 주셨다. 비록 일은 많았지만 은혜롭게 매사를 잘 챙겨나갈 수 있도록 길을 열어주시고 필요한 사람도 붙여주셨다. 그렇게 만 1년이 지나 목사님은 무사히 회복되어 돌아왔고, 필자는 바로 이 교회를 인계하고 떠났다.

당시만 해도 몰랐다. 평신도 선교사에게 현지 교회 목회 사역을 맡기기 위해, 비칼교회에서 미리 배우고 익히도록 하나님께서 다 준비시키신 과정이었음을.

어떻게 알 수 있었겠는가? 하나님의 일은 빈틈이 없었으며 용의주도하였다. 그 다음 1년 후에 새로운 사역지 말리왈루(Maliwalu) 교회의 개척과 평신도 선교사가 목회 사역을 하게 된 뒤, 비로소 하나님의 그 오묘함과 철두철미하심을 깨닫게 되어 감사하지 않

▲ 목회사역을 배운 비칼교회   ▲ 바칼교회 첫 인사

을 수 없었다.

　그렇다. 선교는 결코 선교사가 하는 것이 아니다. 하나님께서 하고 계신다. 필요하면 사전 준비까지 시켜서라도 당신께서 하시고자 하는 일을 맡기신다.

3부

본격적인
선교 사역 I

- 교회의 개척 및 건축

1. 현지교회 말리왈루(Maliwalu)교회의 개척 및 건축

말리왈루교회의 태동 2012. 8

'선교사를 돕는 선교'를 위해 몇 곳에서 현지인들을 대상으로 한국어 강의를 한창 진행하며 돕고 있을 때, 그리고 새로 시작한 삐아스교회의 주일학교 부흥과 뒤에서(3부 2항) 자세히 얘기할 ROS(Rock of Salvation)교회의 주일학교 정착 및 커피 재배 일을 위해 한창 애쓰고 있는 바로 그때였다.

어느 날 한 여선교사(2부 3항의 랄라학교에 한국어 강의 지원을 요청한 K선교사)가 필자와의 면담을 원했다. 당시 아내는 여선교사들과 주례 QT 모임에 참가하면서 서로의 기도 제목을 놓고 중보기도 시간을 갖고 있었다. 아내는 앞의 두 교회(삐아스교회와 ROS교회)의 주일학교와 관련한 기도 제목을 나누곤 했는데, 이를 귀담아들은 K 선교사가 평신도로서 이곳에 와서 2곳의 주일학교 사역을 하고 있는 우리에게 특별한 관심을 갖게 된 것이다.

그때까지 이 선교사는 자신의 교회에서 약 10분여 거리인 말리왈루 부락에 출장 지원 사역(outreach)을 해오던 중이었다. 매주 토요일 오전 어린이 20여 명을 모아 찬양과 성경 말씀을 가르친 다음 아침 겸 점심 식사로 죽을 나누어주는 급식 사역을 5년째 하고 있었다.

이 선교사에 따르면, 어느 날 기도 중에 하나님께서 "왜 네가 그 사역을 계속 고집하느냐? 이는 네 욕심이 아니냐?"라는 음성을 들려주셨다며, 이에 문득 필자가 머릿속에 떠올라 이 사역을 의논하고 싶었다는 것이다. 그는 필자에게 이런 상황을 설명한 뒤, 이어 "날 대신해 이 사역을 맡아줄 수 없겠느냐?"라고 제의했다.

필자는 바로 답을 하지 못했다. 우선 몇 주간 동안 동역하면서 결정하자고 했다.

3주간 함께 이 급식 사역을 마치고 필자 단독으로 맡아 시작한 지 몇 주가 지났다. 어린이들과 그들의 형제자매들 그리고 그들 부모들의 관심이 서서히 높아지더니 참가자의 수가 증가하기 시작했다. 한 달이 지나 인원이 많아지게 되어, 어린이들에게 급식 시간을 주일로 옮겨 주일 개념을 심어주면 좋겠다는 생각이 들었다.

그때까지 급식을 하던 곳은 K선교사 교회의 한 신실한 성도의 목공소 작업장 건물 처마 밑이었다. 위치나 공간이 예배드리기에

▲ 말리왈루교회 초기 급식 사역지

▲ 말리왈루교회 임시 예배 처소 주일학교 1

▲ 말리왈루교회 임시 예배 처소 주일학교 2

▲ 말리왈루교회 임시 예배 처소 주일 예배

는 적절하지 않았으나 마땅히 따로 장소를 마련할 수 없어, 주일에는 휴무로 사용하고 있지 않는 목공소 작업장을 빌려 주일 예배를 드리도록 협의했다.

그리하여 주일 아침 일찍 목공소 작업실 앞면을 넓은 비닐로 가린 다음 새로 구입한 플라스틱 의자를 배치하면 근사한(?) 예배 공간이 되었다. 물론 주일 오후에는 목공소 작업장을 원 상태로 정리해 주고….

이렇게 예배 장소는 마련하였으나, 말씀을 인도할 목회자 그리고 찬양에 필요한 악기와 악기 연주자가 없었다. 그러자 K선교사가 자신의 교회 오전 주일 예배의 순서가 모두 끝난 뒤, 오후 시간에 악기를 이곳으로 옮겨, 연주 담당 청년 2~3명과 목회자가 함께 와서 주일 예배를 인도할 수 있도록 협조해 주었다.

비록 시설은 준비되지 못했으나 어린이 주일학교는 종전대로 오전에, 그리고 오후 4시의 목공소 작업장에서의 주일 예배는 이렇게 시작할 수 있었다. 어떤 성전에서 드리는 예배보다 은혜가 넘쳤다.

말리왈루교회의 창립 예배와 필자의 암 진단 2012. 10

주일로 예배 시간이 조정되고, 목회자와 악기 등 최소한의 예배 환경이 갖추어져 정식 교회로 출발하기 위한 준비에 바쁜 시점이었다.

그 얼마 전 서울에서 받은 필자의 정기 건강검진 결과가 나왔다. 혈액 검사에서 전립선암 관련 수치가 높으니 재검사가 필요하고, 어쩌면 조직 검사까지 해야 할 것 같다는 연락이 왔다.

그야말로 날벼락이었다. 그동안 모든 것이 순조로이 진행되어 오던 교회의 창립 예배를 코앞에 둔 시점이었기 때문이다.

'지금 이때 창립 예배를 드리는 것이 옳은가?', '정밀 검사와 그 결과에 따른 조치 후 필리핀 복귀가 가능할까?', '이후 사역은 과

▲ 말리왈루교회 창립 예배 장식

▲ 말리왈루교회 창립 예배 설교

연 정상적으로 할 수 있을까?' 여러 의문이 들었다.

이런 상황을 들은 아내가 "마귀의 시험이 분명하다" 하며, "우리의 사역이 하나님의 일임을 믿는다면 하나님께 모두 맡겨야 하지 않겠느냐?"라고 말했다. 그녀의 목소리는 분명했다. 당초 계획대로 진행할 것을 단호하게 요구했다.

그리하여 2012년 10월 28일 목공소 입구 야자수 나무에 교회 임시 간판을 걸고 말리왈루교회의 창립 예배를 드렸다. 본 교회의 성도와 K선교사의 샬롬(Shalom)교회 성도들 및 한국의 파송 교회에서 대표로 참석한 권사들과 몇 명의 현지 선교사들이 함께해 역사적인(?) 말리왈루교회의 창립 예배가 은혜 가운데 거행됐다.

모든 뒷정리를 마치고 다음 날 파송 교회 권사들은 선교사의 건강에 대해서는 아무런 눈치를 채지 못하고 한국으로 돌아갔다.

그 이틀 후 필자와 아내는 한국으로 와서 정밀 혈액 검사에 이어, 조직 검사로 전립선암 진단이 나와 바로 수술을 마쳤다. 담당

의사가 "수술 후 3개월간은 비행기를 타지 말라"고 당부했으나, 1개월여 만에 선교지로 돌아왔다.

말리왈루교회에서의 첫 성탄절이 되었다. 한국이었다면 경험할 수 없는 목공소 작업장의 임시 성전에서 아기 예수 탄생을 축하했다. 선교지 교회에서 드린 첫 성탄 예배의 감격을 무엇으로 설명할 수 있으랴.

목회자 부재 사태 발생 2013. 5

처음 말리왈루교회는 어린이들과 몇몇 청년들, 장년 등 모두 40여 명의 성도가 모여, 주일 오전에는 자체 교사에 의한 어린이 주일학교, 오후에는 샬롬교회의 지원으로 청장년들의 주일 예배를 드렸다. K선교사와 그의 샬롬교회 목사와 리더들의 도움이 컸다.

그러다 2013년 새해를 맞아 K선교사가 그 교회 담임목사 사모를 말리왈루교회 전담 교역자로 파송시켜 주었다. 드디어 오후에 드리던 주일 예배를 오전으로 옮겨 드릴 수 있게 되었다.

그러나 이 당시는 필리핀 정부가 주창한 교육 개혁의 일환으로 교사 처우 개선과 함께 종전 초중등 10학년제가 12학년제로 바뀌는 시기였다. 느닷없이 부족한 교사 충원 바람이 세차게 불어왔다. 교사 자격증을 보유하고 있던 이 사모는 대우가 더 좋아 보이는 교사직을 희망해, 말리왈루교회 담임 직을 사임했다. 이렇게 말리왈루교회는 창립 몇 개월 만에 담임 목회자가 없는 교회가 되고 말았다.

필요한 사람은 하나님이 예비하신다 2013. 7

　목공소 작업장의 임시 성전에다 목회자 부재로 신설 교회에 시련이 닥쳐왔다. 성도 심방과 일반 행정업무는 필자가 직접 할 수 있었지만 예배 설교는 선교사의 열심만으로 감당할 수 있는 일이 아니었다. 급한 대로 ROS교회, 삐아스교회, 샬롬교회 등에 협조를 구하여, 소위 '동냥 설교'로 주일 예배를 약 2개월간 이어나갔다.
　그러나 놀라운 사실은, 하나님께서 이 일을 해결하기 위해 우리가 알지 못하는 때를 준비하고 계셨다.
　2010년 초 필자의 최초 사역지(엄밀히 말하면 협력 사역지)인 삐아스교회를 한국의 파송 교회 몇 분이 방문하게 되었다. 그때 삐아스교회의 한 청년이 신학 공부를 하기 원했으나 학비를 마련하지 못해 파송 교회가 이 청년을 지원했다. 그가 바로 이 시기에 신학교를 졸업하게 된 것이다.
　하나님께서는 그 청년을 때에 맞추어 말리왈루교회의 담임목사로 보내주셨다. 그리하여 목회자 부재는 2개월로 마감할 수 있었다. 하나님의 계획과 예비하심을 다시 한 번 실감했으며, 사역의 모든 과정은 주님이 주관하고 계심을 확인하게 되었다.

교회 신축 인도

- **기적으로 마련된 교회 건축비와 건축 부지** 2013. 2

비록 목공소 작업장에서 예배를 드렸지만 어린이들의 주일학교와 청장년들의 주일 예배는 매번 감사와 은혜가 넘쳤다.

그러나 한낮에는 뜨겁고 강한 햇볕의 각도에 따라 의자 위치를 옮겨야 하고, 시시로 쏟아지는 비를 맞는 일이 잦았다. 이에 햇볕과 소나기 차단 가림막 설치 방안을 놓고 고민이 깊어지고 있을 즈음 뜻밖에 두 차례의 의미 있는 한국 선교팀의 방문이 이어졌다.

첫 팀은 새벽 기도를 위해 출석하던 한 한인교회와 연결되어 방문한 단기 선교팀이었다. 그들은 다른 지역을 방문하려고 했던 본래의 계획을 바꾸어 말리왈루교회 행을 택했다. 찬양과 함께 말씀을 전한 다음, 이곳 마을 전체 주민을 대상으로 닭죽을 제공하기로 한 것이다.

이때 인솔한 담임목사에게 하나님께서 깊은 감동을 주셨는지, 말씀 증거 중 문득 "한국으로 돌아가 교회 제직회의를 거쳐 말리왈루교회 건축비를 지원할 수 있도록 하겠다" 하며, "이런 곳에 꼭 교회를 지어야 한다"라고 했다. 또 "만일 제직들이 반대하면, 내 장기(臟器)를 하나 팔아서라도 하겠다"라는 말까지 하였다. 이어 "사람에게는 장기가 2개인데 1개는 비상용이라 없어도 되며, 1개의 시세가 3,000만 원은 된다고 하더라"는 말씀으로 그의 의지를 보였고, 함께 자리한 우리 모두를 순간적으로 충격에 빠뜨렸다.

잠시 방문한 목사님의 결단에 담긴 그 말씀은 필리핀 사역 기간 내내 특별한 기억으로 남았다. 담당 선교사는 상상도 못하고 있던 일이었는데….

그로부터 2주 후, 두 번째의 다른 한국 단기 선교팀이 말리왈루 교회를 방문했다. 필리핀에서 만난 한 평신도 자매의 가족 기도팀이었다. 그들도 필리핀 선교를 왔다가 본래 계획을 바꾸어 우리의 주일 예배에 참석했다.

주일 예배 중에 인솔자와 몇몇 사람이 갑자기 막 울며 기도를 하는 것이었다. 예배를 마치자 그들이 필자에게 와서 말했다.

"장로님, 저희가 이곳 교회 건축을 지원하고 싶습니다!"

필자는 당시만 해도 교회를 당장 짓겠다는 계획이 전혀 없었다. 단지 햇볕과 비를 피할 방안만을 고심하고 있을 뿐이었다. 그래서 "교회 건축이 필요할 때 말씀드리겠다" 하며 사양했다. 그런데도 그들은 "한국으로 돌아가 2주 후에 건축비를 가지고 오겠다"라고 말했다.

정말 2주 후에 그 인솔자가 다시 찾아오는 일이 생기고 말았다. "건축을 시작하면 그때 주셔도 된다"라는 필자의 강한 사양에도 아랑곳하지 않고, 아무 조건이나 당부도 없이 "건축에 써 달라"며 그 자리에 2,000만 원을 그대로 두고 가버렸다.

교회를 시작한 지 4개월 만에 이뤄진 일이었다. 두 단기 선교팀들이 '교회 신축'을 먼저 제기하더니 급기야 건축비까지 손에 쥐어줬다.

'주어진 돈으로 어떻게 해야 하나?' 기도하지 않을 수 없었다. '어디다 지을까?' 마땅한 위치도 찾기 어려운 데다 땅은 얼마만큼 필요할지 몰라 고심하던 중, K선교사가 어느 후원금으로 말리왈루 부락의 뚝방길 아래에 사둔 땅 400m^2를 내놓았다. 매입가 150만 원에 해당하는 땅이었다. 그 값을 K선교사에게 드리려 했으나 "하나님 일을 위해 사둔 땅에 그 목적에 따라 교회를 짓고자 하는데 무슨 돈이냐" 하며 극구 사양하였다.

건축 부지와 비용이 동시에 마련된 기적이었다.

그렇다! 선교사는 기적으로 산다. 그 무엇 하나도 선교사의 계획이 아니었다.

• 말리왈루교회 건축 공사 2013. 4~6

부지가 확정되자 이미 건축 경험이 많은 여러 선교사들의 자문부터 구하기 시작했다. 또 필자가 대학에서 조선공학을 공부할 때 선박 설계 과목에서 배운 기초 지식과 해군사관학교에서 생도들을 대상으로 가르친 선박 설계와 구조 이론 등의 기억이 도움이 됐다. 땅의 크기와 위치에 알맞은 공간 배치 및 건물 방향 등을 감안한 개념 설계를 직접 해나갔다.

그 당시 어렵게 공부한 학문적 기초와 강의 경험들이 십수 년이 지나 이런 사역에 도움이 될 줄 누가 알았으랴!

예배 처소를 제공한 목수 로미(Romi) 형제와 함께, 더위를 피할 수 있도록 자연 통풍이 잘되고, 준공 후 교회의 관리가 용이할 구조로 시공 도면을 직접 작성했다. 건축 허가를 받으려니 정식 등기가 되지 않은 땅이라 쉽지 않았다. 그러자 허가권자인 동회장(Barangay Captain)이 거주 동장 건축허가(Barangay Building Permit)로 교회 건축이 가능하다며, 도와줄 테니 계획대로 추진하라고 권고해 주었다.

모든 순서를 마치고, 마침내 2013년 4월 1일 기공 예배와 동시에 공사를 시작했다. 본격 우기철 전에 준공을 위하여 2개월 공사로 계획하였다. 공사 총감독은 필자가 직접 맡고, 로미 형제를 현장 책임자(십장)로 임명했다. 또 함께할 고정 인부 5명을 성도 중에서 선정해 착공했다.

건축비를 절약하기 위하여 현지에서 교회 건축 경험이 많은 선교사들의 조언을 따라, 먼저 공기를 최대한 단축하도록 하고, 자재 구입을 위해 발품을 많이 팔았다. 또 매일 현장 감독과 진척 상황을 직접 확인했다. 필리핀에서 연중 가장 더운 4~5월에 본격 공사가 진행되어, 흘린 땀의 양은 말할 수 없이 많았지만 전혀 문제가 되지 않았다.

많은 이들의 헌신이 있었다. 현재 장로가 된 로미 형제는 그 당시 주급으로 받는 인건비를 두고 "내 교회를 짓는데 어떻게 공임을 다 받을 수 있겠느냐" 하며 극구 사양했다. 끝내 일반 책임자 공임보다 30%나 적은 수준으로 지급했다. 그는 지혜로웠고, 또 다른 인부들의 일당 책정에 기준이 됐다.

그의 아내 디나(Dina) 자매도 수시로 간식을 제공해주는 등 헌신

 ▲ 말리왈루교회 신축 기공 예배

 ▲ 말리왈루교회 기공 예배 시삽

 ▲ 말리왈루교회 건축 공사 1

 ▲ 말리왈루교회 건축 공사 2

적으로 참여했다.

평신도 시니어 선교사가 교회를 건축한다고 하니 주위의 여러 선교사들이 방문하여 기도와 간식으로 격려도 해주었다.

건축비 2,000만 원은 절대 부족한 액수였지만 당초 자비량을 전제로 시작한 사역이었기에 누구에게도 지원 요청을 하지 않고 완공할 요량이었다. 하지만 공사 중간에 파송 교회에서 "기도 제목을 보내 달라"는 연락이 왔다. 당연히 가장 큰 기도 제목은 교회 건축이었다. 그냥 "건축 공사가 잘 되기를"이라고 보고했다.

그러자 담임 목사님이 "비용이 모자라지 않느냐?" 하며, 필요 액수를 묻지도 않고 1,500만 원을 송금해 주셨다. 덕분에 당초 계획의 교회 본당에 추가하여 별도의 주방, 목회자실과 화장실을 포함한 총건평 50여 평 규모의 교회를 지을 수 있었다.

특히 수세식 화장실과, 주방에 수도시설을 위한 전동 펌프와 물탱크를 갖추어, 이 빈민 마을에서 가장 좋은 건물이 되었다.

당초 2개월을 예정하고 시작한 공사가 3개월로 늘어났지만 처음 계획보다 20평가량 규모가 커진 데다 훨씬 좋은 교회로 완공할 수 있었다.

• **교회 건축과 함께 행하신 하나님의 도우심** 2013. 5

말리왈루교회로 오려면 두 길이 있다. 하나는 K선교사의 샬롬교회 앞을 지나오는 길, 다른 하나는 소위 '뚝방길'을 따라가다 유(U)턴해서 거꾸로 올라오는 길이다. 먼저 길로 오면 거리는 가까운데, 먼지 속 비포장도로를 지나야 한다. 두 번째 길은 유턴을 위해 뚝방길 끝까지 내려가 다시 돌아와야 한다.

그런데 교회 건축이 시작되자마자, 필리핀 정부에서 10분여 정도의 시간을 단축할 수 있는 새로운 유턴 경사로를 교회 가까이에 만들어줬다.

이어서 마을 앞 도로를 거짓말처럼 신축 교회 입구까지 포장해

주는 게 아닌가?

모든 교인들이 "마을에 교회가 세워지니 이런 일도 일어난다" 하며 얼마나 기뻐했는지! 분명 하나님의 역사였다.

- 말리왈루교회 완공과 헌당 2013. 10

착공 3개월 후인 6월말에 타일과 페인트 작업 등이 마무리되어 '신축 교회 입당 감사 겸 심령부흥회'를 개최하였다. 하나님께서 허락하신 놀라운 축복에 감사하며, 새 성전을 통해 온 성도에게 주신 사명을 다시 한 번 깨닫는 시간이 되었다.

미비했던 음향시설과 악기, 선풍기 등의 완비를 위해 파송 교회 성도들이 정성 어린 헌금을 별도로 보내줬다. 내부 커튼은 본 교회 여전도회가, 강대상은 Y선교사가 후원해주는 등 도움의 손길이 모여들어 헌당 준비가 차질 없이 진행됐다.

파송 교회의 일정에 따라 2013년 10월 7일, 현지의 한국 선교사와 지인들, 협력 교회인 삐아스교회, ROS교회, 샬롬교회 성도와 파송 교회에서 온 담임 목사와 중직자, 축하 찬양단 등 모두 150여 명이 넘는 하객들이 참석한 가운데 필리핀 사역지에서의 첫 교회 말리왈루교회의 헌당 감사 예배가 축하와 은혜 가운데 진행됐다.

특히 이날 헌당 예배 감사헌금 전액은 오늘의 성전이 있도록 계기를 마련해 주었을 뿐 아니라 교회 창립 시 부지를 제공해준 K선교사가 섬기는 샬롬교회에 전달했다. 이 헌금이 신축 부지만 확보해둔 채 아직 자체 건물의 교회를 갖지 못해 가정교회를 벗어나지 못하고 있던 샬롬교회 건축의 씨앗이 되도록 하기 위함이었다. 바로 이듬해 샬롬교회는 새 성전을 건축할 수 있었다. 이 이야기는 지역에서 선교사들끼리의 아름다운 협력 사역의 모델로 자주 거론되곤 한다.

말리왈루교회 개척의 소회(4부 1항 평신도 목회 사역 참조)

　필리핀 바콜로(Bacolo)의 빈촌 말리왈루 마을에 현지인 교회의 개척은 평신도 시니어 선교사인 필자로 하여금 하나님께서 '선교사를 돕는 선교'로부터 주 사역을 목회 사역으로 이끄신 시발점이 되었다. 또한 필리핀 선교 10년 중 7년을 이 교회의 담임 선교사로 섬기게 하시어, 선교 10년의 희로애락이 깃든 보람과 성취 그리고 감사와 은혜의 기간으로 기억되게 만드셨다.

　하나님께서는 당초 필자가 세운 계획과는 완전히 다른 목회 사역의 길로 인도하셨으며, 그때마다 그곳에 필요한 사람과 환경 그리고 물질을 예비해 두고 계셨다.

　또한 매 순간마다 감당할 길을 미리 챙겨두셨다. 그리하여 선교는 그 어느 하나도 선교사의 계획으로 행하는 일이 아니라 하나님께서 당신의 계획을, 당신의 때가 되매 그 일을 이루시기 위한 도구로 단지 선교사를 사용하셨음을 깨닫게 해주셨다.

▲ 말리왈루교회 진입 경사로

▲ 말리왈루교회 진입 포장 도로

▲ 말리왈루교회 헌당 테이프 컷팅

▲ 말리왈루교회 헌당 기념 촬영

1. 현지교회 말리왈루(Maliwalu)교회의 개척 및 건축

2. ROS교회 성장과 교회 신축

ROS(Rock of Salvation)교회의 주일학교 2011. 8~2018. 12

- 골프장에서도 역사하시는 주님(?)

 필리핀은 골프를 치기 좋은 조건을 많이 갖추고 있다. 선교 초기에 커피 재배(2부 4항 참조) 선교 법인인 MGFI 이사와 가족, 일부 지인들과 몇 차례 골프를 칠 기회가 있었다.

 그러던 어느 날 우리와 동행하던 캐디에게 "교회에 다니는가? 하나님을 아는가?" 등을 물어보았다. 캐디는 "나는 크리스천"이라면서 "다니는 교회가 가난하여 어려움이 많다"라고 하소연했다. 그녀는 "예배 시 떠드는 아이들을 조용히 하도록 달래는 게 내 임무인데, 이에 필요한 그리기 도구들이 매우 부족하다" 하며

"우리 교회를 좀 도와 달라"고 간곡히 요청했다. 도움을 주고 싶은 마음에 이후 교회를 방문하기로 하고 헤어졌다.

이 이야기를 들은 한 선교사가 "장로님, 그렇게 도와주면 집을 다 팔아도 안 된다" 하며 "꼭 도와주고 싶으면 잘 살펴본 뒤 하고, 미리 알리고 방문하면 연출도 할 수 있으니 불시에 현지를 방문해 본 다음 결정하라"고 조언했다.

얼마 후 아내와 정말 불시에 알려준 곳을 찾아갔다. 1시간여 거리의 화산 난민 이주촌에 20여 평 남짓한 작은 가정교회가 있었다. ROS교회였다.

이 교회 담임 목사를 만나 보니 캐디 자매의 말이 모두 맞았다. 성도가 30명도 안 되어, 담임 목사는 주중에 직장에서 일을 하고 금요일 저녁부터 주일까지만 목회자로 사역을 했다.

우리가 방문한 날은 토요일 오후였는데, 그 시간 교회 근처 골목에는 많은 아이들이 거리에 나와 놀고 있었다. 앞서 뻬아스교회에서 그랬던 것처럼(2부 2항 참조) 필자는 이들에게 주목하지 않을 수 없었다. 그리하여 그 목사에게도 "아이들을 위한 주일학교를 해보자"라고 제의했다. 그러자 "지도할 교사와 필요한 집기가 없다" 하면서 반대 의사를 표했다.

"필요한 도움을 주고 싶으니 한번 시작해보자"라고 거듭 제의했다. 지난해 뻬아스교회에서의 경험으로 자신감이 생겼다. 필자의 반복된 요청에 그는 "해 보자" 하고 답했다. 먼저 청년들을 모으도록 협조를 구하고, 어린이 의자 50개를 산 다음 주일학교 개

▲ 처음 ROS교회 모습   ▲ ROS교회 주일학교 개강예배

강 예배를 한 달 후에 드리기로 의논했다.

그러나 교사 문제가 관건이었다. 일단 1년 전의 뻬아스교회 주일학교 교사들을 불러 도움을 청했다. 그들은 "ROS교회의 청년들이 스스로 주일학교 교사의 임무를 수행할 수 있을 때까지 도와주겠다"라고 했다. 뻬아스교회 교사들은 교사로 섬긴 지 1년도 채 안 된 자신들이 다른 교회 교사를 가르치는 일에 쓰임 받는 것을 매우 기쁘게 여겼다.

뻬아스교회에서 ROS교회까지는 30분 정도 거리였다. 주일 아침에 뻬아스교회 교사들을 ROS교회로 태워와서, 1시간여 동안의 주일학교 예배를 마친 다음 다시 데려다 주는 일은 그리 큰 수고가 아니었다. 뻬아스교회 교사들이 ROS교회의 주일학교 어린이들을 가르치는 동안 ROS교회 청년 2명이 함께 어린이 지도에 먼저 동참하면서 교사 일을 열심히 배워나갔다. 한 달간의 준비와 연습을 거쳐 마침내 2011년 9월, 어린이 100여 명이 참석한 가운데 ROS교회 주일학교 첫 시작 예배를 드릴 수 있었다.

뻬아스교회 주일학교에 이은 필리핀에서의 두 번째 교회 주일학교였다.

• 차세대의 부흥이 곧 교회의 부흥

3개월간 ROS교회 주일학교를 지도한 뻬아스교회 교사들은 "덕분에 우리의 믿음이 더 자랐다" 하며 자부심을 가졌다. 더불어 "아직 부족하다고 알고 있던 우리가 1년여 만에 다른 교회를 도울 수가 있다는 것이 얼마나 감사한지 모른다"라며 기뻐했다. 이를 통해 뻬아스교회 주일학교도 더 성장했다.

그 사이 ROS교회 교사들도 4명으로 늘어났으며 자신감도 생겼다. 그도 그럴 것이 ROS교회는 비록 작은 교회였으나 가족 단위 성도들의 출석이 많아 교사들의 대부분이 믿음의 2세들이었다. 그들은 3개월 만에 뻬아스교회 교사들의 도움 없이도 주일학교를 진행할 수 있게 됐다.

처음 20명 남짓하던 주일학교 출석자가 두 달 동안 두 배로 불어 40명을 넘어섰다. 또 출석 어린이의 불신 형제자매들과 부모들이 교회를 좋게 보기 시작했다. 그로부터 불과 몇 개월 후, 성탄예배 때 주일학교 어린이들의 발표와 교사들의 특별순서도 가질 수 있었다.

교회의 주일학교가 성장하자 모든 교인들 사이에서 지금까지의 영적 안주에서 벗어나려는 움직임이 나타났다. 교사들을 중심으로 청년부가 조직되어 교회의 중추적 역할을 감당해 나가기 시작했다. 이를 시작으로 교회가 성장하는 모습이 눈에 띄게 나타나자 모든 교인들이 자신감을 갖게 되었다.

주일학교 부흥과 어린이 뮤지컬 공연 2012. 8~현재

- **주일학교 부흥의 결과**

사람을 키우는 일만큼 귀한 사역은 없다. 많은 선교사들이 교회 부흥을 위해 다음 세대를 믿음으로 세워나가기 위해 열심을 다하지만 기대만큼의 열매는 거두지 못하고 있는 실정이다. 그럼에도 부흥하고 성장하는 교회는 있다. ROS교회가 바로 그 교회다.

커피 사업과 2012년 후반에 시작된 말리왈루교회 창립 등으로 필자가 ROS교회를 둘러볼 수 있는 시간이 점차 줄어들었다. 그럼에도 ROS교회는 현지 목회자를 중심으로 잘 성장해갔다.

주일학교가 시작된 지 1년이 지나자 어린이와 청년은 물론 장년들이 늘어났다. 그리하여 기존 교회 안쪽에 위치한 부엌 벽과 교회 입구의 공간까지 모두 다 헐어도 출석 교인들을 다 수용할 수가 없었다. 2013년 말에 급기야 전 교인의 공동회의를 거쳐 교회를 신축하기로 뜻을 모았다.

2014년 초에 ROS교회 담임 폴(Paul) 목사가 필자에게 특별한 보고가 있다고 알려 왔다. 교회 신축과 관련한 2차 공동회의를 개최하여 "교회 신축 기금을 조성하기로 하고, 한 가족 당 1만 페소(약

25만 원/노동자의 2개월 정도 급여)씩 헌금을 하기로 결정하려 한다"는 것이었다.

그런 다음 얼마 지나지 않아, 주일학교에서 '어린이 뮤지컬' 공연을 통해 교회 건축 기금 조성을 도우기로 했다고 밝혔다. 필자가 "어떻게 그런 생각을 하게 되었냐?"라고 묻자, 그는 "모두가 하나님께서 주신 은혜와 지혜"라며, "이 상황을 두고 하나님께 간구했더니, '지금 너희가 갖고 있는 것이 무엇이며, 할 수 있는 것이 뭐냐?'는 물음을 주셨다" 했다. 그는 "주일학교를 시작으로 유년부의 부흥에 이어 청년부가 시작되었고 이를 통해 교회 전체가 부흥했다"며, "출발점이 된 어린이들이 할 수 있는 것이 무엇일까에 착안했다"라고 말했다.

하나님께서는 마침 폴 목사의 동생 댄(Dan)이 음악에 재능이 있다는 사실을 생각나게 하셨다는 것이다. 그들은 곧 그의 재능을 살려 어린이 뮤지컬을 연습해 보기로 하고, 수업이 없는 토요일마다 본격적인 연습을 해 나갔다. 그러자 이 색다른 뮤지컬에 호기심을 갖는 어린이들이 찾아오고, 이어서 이 어린이들의 형제자매들, 나아가 그들의 부모들까지 하나님을 영접하는 역사가 일어났다. 할렐루야!

- **'어린이 뮤지컬' 준비의 효과 및 첫 공연** 2014. 6~2014. 12

얼마 후 필자는 아내와 함께 뮤지컬 연습을 보러 갔다. 그 자리에서 서로 아무 이야기도 못했다. 그저 감격에 겨워 눈물만을 훔

쳤다.

어린이 30여 명이 학교 수업이 없는 토요일 오전 교회에 모여 뮤지컬 연습을 하고 있었다. 요한복음 3장 16절을 주제로 '아기 예수를 이 땅에 보내신 하나님의 사랑'을 노래한 찬양 열두 곡이었다. 그 모습은 너무나 감격적이고 기특했다. 그들을 지도하고 가르치는 교사와 청년들도 아름다웠다.

연말 무대 공연을 위하여 열심을 다해 연습하고 있었다. 무대의 어린이는 물론, 스태프와 음향, 조명을 지원하고 준비하는 청년들, 심지어 그들의 부모들까지 어린이 간식을 지원하며 돕는 정성과 협조하는 모습이 정말 감동이요 멋진 연출이었다.

이 어린이 뮤지컬 연습은 ROS교회 전 구성원을 한마음 한뜻이 되게 하는 계기를 마련해 주었다. 아울러 배우는 자나 가르치고 돕는 자 모두가 하나님의 영광을 위해 최선을 다할 때, 믿음의 공동체가 형성될 수 있음을 보여주는 값진 장면이었다. 또한 온 교회가 함께 하나님을 기쁘시게 하는 수고의 과정은 교회의 성장과 부흥으로 연결되는 출발점이 되었다. 그냥 어린이들만의 뮤지컬 연습이 아니었다.

또한 담임 목사 폴도 주중에 출근하던 회사를 사임하고 마침내 전담(풀타임) 목회자의 자리로 돌아오게 만들었다.

그렇게 6개월 동안 연습하여 성탄을 앞둔 2014년 12월 첫 토요일, 그들은 그 당시 지역에서 가장 좋은 공연장으로 알려진 '클락미모사 컨벤션센터'를 빌려 발표하려고 한다며, 폴 목사는 필자

▲ ROS교회 뮤지컬 1 (2014. 12. 제1회)   ▲ ROS교회 뮤지컬 2 (2015. 12. 제2회)

에게 티켓 10매만 팔아 달라고 부탁했다. 그런데 한 장 값이 무려 1,500페소(한화 약 37,000원)라니? 나는 "500페소라도 살 사람이 없을 텐데 왜 이렇게 비싸게 책정했느냐?"라고 물었다. 이에 "기금을 조성하려면 이럴 수밖에 없었다"며 "관람료와 식사비용이 포함된 것"이라고 했다. 또 "일단 출연자 30명의 부모들에게 각각 1매씩 60매를 의무적으로 사게 하고 나머지는 지인들을 다 동원하겠다"고 말했다. 수긍은 갔지만 계획한 160매를 어떻게 팔 수 있을까 의문이 앞섰다.

받아온 10매를 누구에게도 권할 수가 없었다. 그럴 때 마침 아내가 발레 지도를 하고 있는 학교의 선교사에게 우연히 이 사연을 말했더니, 그 선교사는 깜짝 놀라며, "나는 필리핀에 15년을 사역하면서 교회 수리 하나까지 선교사에게 요구하는 것만 봤는데, 어떻게 건축비 마련을 위해 이런 일을 하는 교회가 있느냐"라고 했다. 그는 선뜻 자신의 교회 현지인 목회자를 데리고 가서 교육을 시키겠다며 티켓 2장을 사주었다. 이 이야기가 퍼져나가자 너도나도 금액을 아랑곳하지 않고 티켓을 사주어 25장이나 팔게 됐다. 마침내 계획한 160매가 다 팔렸다. 이날 공연을 관람한 사람들은 "공연이 너무나 훌륭해서 입장료가 전혀 아깝지 않았다"라고 입을 모았다.

- **공연은 계속되다** 2014. 12~현재

이 소식을 늦게 접한 선교사들은 교회 성장 표본을 배울 필요를 느끼고 앙코르 공연을 요청했다. 그래서 2주 후 성탄 직전 토요일 저녁 말리왈루교회에서 앙코르 공연을 갖기로 했다. 이웃 선교사들과 10여 개의 한국인 선교사 사역 교회의 주일학교 교사들과 어린이들을 초청했다. 당연히 무료였다.

비록 크기가 작고 좁은 말리왈루교회의 무대였지만 그 열기는 결코 무대의 크기에 위축당하지 않았다. 오히려 말리왈루교회를 꽉 메운 관람객에게 더 커다란 울림을 주었다.

공연이 끝나고 필자가 참석자들에게 간단한 공연 취지를 설명했다. 이어, 당초 이 공연은 교회 건축기금 모금을 목표로 한 것이라, 우리는 건축헌금을 보태고 싶은 마음을 갖고 있었기에 ROS교회 폴 담임목사에게 2,000달러를 전달했다. 깜짝 놀란 폴 목사는 눈물을 글썽이며 감사 인사로 답했다. 이어 자리를 같이한 한국선교사, 한인교회 목사와 장로들이 그 자리에서 건축헌금을 보태는 감격 어린 장면이 연출됐다. 하나님의 역사를 다시 한 번 실감

▲ ROS교회 뮤지컬 말리왈루교회 초청 공연

▲ 공연 후 건축기금 전달 인사

▲ ROS교회 뮤지컬 슈빅교회 초청 공연

했다.

  소식을 들은 이웃 교회들에서도 공연 요청이 왔다. 2015년에는 샬롬교회에서, 2017년 초에는 슈빅한인교회에서 이들을 초청해 주일 낮 예배를 대신해 공연했다.

  교회 건축비 마련을 위해 시작된 이 공연은 그 이듬해에도, 또 그 다음 해에도 성탄을 앞두고 매년 계속됐다. 새 성전이 지어진 2017년 이후에도 ROS교회의 연례행사로 자리 잡았다.

이어 2018년 연말에는 동일 주제의 다른 내용을 가지고 이 지역의 가장 큰 쇼핑몰인 SM클락의 전용 극장을 빌려 예수님 오심을 축하했다.

준비된 자를 예비하신 하나님

- ROS교회 부지헌금 2015. 1

이러한 움직임이 하나님을 기쁘시게 한 것일까? 제1회 공연이 끝나고 얼마 지나지 않아 한국의 파송 교회 한 성도로부터 전화가 걸려왔다.

"장로님의 선교를 위해 기도하고 싶은데 기도 제목 좀 알려주세요!"

평소 그렇게 가까이 지내는 분도 아니었지만 아주 간절한 느낌의 요청이었기에 "ROS교회 새 성전 건축의 노력이 좋은 열매를 맺을 수 있도록 기도해 달라"고 답했다.

하루가 채 지나기 전에 다시 그분이 연락해 오기를 "장로님, 그럼 우선 땅부터 마련해야 하죠? 제가 땅값으로 1,500만 원을 헌금하겠습니다" 하며 바로 입금을 해주었다. 깜짝 놀라 한국의 담임 목사님께 이 사실을 보고드렸더니, 담임 목사님은 "그 돈은 그분의 생명 값"이라며 자초지종을 얘기했다.

사연은 이러하다. 그 성도는 신체 어느 한 부위의 중병으로 고통을 겪다 의사의 진단을 받고 수술을 기다리고 있었다. 그런데 수술 전 최종 검사를 하니 이미 다 치유되어 수술이 필요 없게 된 것이었다. 준비해둔 1,500만 원은 그의 수술비였다.

이후 필자는 ROS교회 목사를 만나 그들이 이미 골라 둔 후보 부지 3곳 중에 교인들이 가장 선호하는 곳 600m²를 최종적으로 선택하고 매입 절차에 들어갔다. 매매 계약과 등기 비용, 세금 등에 1,700여 만 원이 들었다. 한국 파송 교회 성도의 헌금과 ROS교회가 뮤지컬 공연 등으로 마련한 돈을 보태어 일단 부지를 확보할 수 있었다.

이후 땅 밟기와 함께 ROS교회 교인 자신들의 헌금으로 부지 사방 울타리를 먼저 쌓고, 성전 건축을 위한 기도와 어린이 뮤지컬 공연을 통한 자체 모금 노력을 계속해 나갔다.

- **ROS교회 건축헌금** 2016. 11

일단 확보한 부지에 벽돌로 경계를 둘러놓은 상태에서 교회 건축 비용 마련을 위해 기도하던 중, 한국의 파송 교회 은퇴 장로님 한 분이 한국에 나오면 한번 만나자고 요청했다. 그는 "장로직 은퇴 기념으로 선교지에 교회 하나를 건축했으면 한다"라고 뜻을 밝혔다. 2016년 11월 잠시 귀국길에 뵙고, 평소 구상해온 설계도를 보여드리며 2가지 안을 조심스럽게 제시했다.

당시 필리핀 교회는 3,000만 원이면 건축할 수 있다고 여기는 분이 많았다. 그러나 ROS교회는 비교적 큰 주거지에 위치한 데다, 앞으로의 부흥 등을 감안해 최소 200명 이상을 수용할 만한 규모는 되어야 할 것으로 생각되었다. 따라서 이런 3,000만 원 후원자 두 사람이 나서기를 기도하고 있던 중이었다.

이윽고 필자는 또 한 번 우리의 기도 응답을 미리 예비하고 계신 하나님께 놀랄 수밖에 없었다. 은퇴 장로님은 건축 헌금으로 필자에게 5,000만 원을 건넸다. 그렇다. 선교는 하나님이 하신다. 선교사는 그의 손에 붙들린 도구일 뿐이다.

ROS교회 성전 건축 2016. 12 ~ 2017. 5

- 공사 준비 및 착공

200명 수용의 본당을 짓고 나머지 부속 공간은 추후에 진행하는 쪽으로 결정했다. 이어서 ROS교회 담임목사와 성도 대표들과 함께 말리왈루교회 건축 경험을 살려 개념 설계도부터 작성했다.

그러나 ROS교회는 말리왈루교회에 비해 그 규모가 훨씬 크므로, 처음부터 건축 설계와 시공을 전문 업체에 맡기기로 하였다. 따라서 앞의 개념 설계도를 바탕으로 설계 업자로부터 상세도를 제출받은 다음 시공 업체를 물색하고 공사 계약을 체결했다. 이후 2017년 1월 초 건축 허가를 받아 4월말까지 완공을 목표로 건립을 추진했다. 헌당은 5월 하순에 하는 것으로 파송 교회 및 건축헌금 기탁자와의 협의를 끝냈다.

- 20년 전부터 계획하시다

첫 번째 교회인 말리왈루교회에 비해 ROS교회 건축은 규모와 비용이 거의 배였다. 모든 공사는 한국인 교회 건축 전문 업체에 맡기고, 공사 진행 전반의 확인과 감독은 담당 선교사인 필자가, 현장 체크와 지원은 ROS교회 목사에게 맡겼다.

진행 도중 관청에서 천장과 기둥에 대한 내진 보강을 요구해와 공사 기간이 당초보다 2주 늘어나고, 자재도 더 소요되는 등 우여곡절을 겪었다. 게다가 마무리 단계에서는 시공사 책임자가 건강에 이상이 생겨 진단을 받기 위해 한국에 잠시 갔다 온다더니 입원까지 하는 상황에 이르렀다.

어쩔 수 없이 마감 공사는 필자와 ROS교회 교인들이 담당했지만 우리 교회를 우리 손으로 마무리하게 됨을 모두가 감사히 여기며, 하나님의 축복으로 받아들였다. 용접공, 미장 및 전기공, 페인트공인 ROS교회 교인들과 말리왈루교회 목수가 합세해 철야 작업을 거쳐 가까스로 헌당일까지 모든 공사를 마칠 수 있었다.

문득 20여 년 전 군복을 벗고 신설 대학 책임자로 옮겨갔을 때의 일이 떠올랐다. 첫 2년간 학교 건물 10여 동의 신축 현장에서 최종 사용 책임자로 먼지와 소음 가운데 공사 진행 감독을 했던 그때…. 이 모든 일에 놀라우신 하나님의 섭리가 있었음을 이때야 비로소 알았다. 하나님께서는 필자를 그때부터 이미 훈련시키셨다. 하나님은 굽이굽이 인생길에서 필자를 이끄시고 예비하신 곳에 이르게 하셨다.

▲ ROS교회 신축 예정 부지 땅 밟기

▲ ROS교회 기공 예배 시삽

▲ ROS교회 신축 공사 1

▲ ROS교회 신축 공사 2

▲ ROS교회 헌당 교회 명패 개봉

▲ ROS교회 헌당 후 기념 촬영

- 공사 마무리와 헌당식 2017. 5

  확보한 5,000만 원은 설계 변경과 내진 보완으로 본당 건축에만도 빠듯했다. 계획에 없었던 담장 보안 철책과 주차장 공사는 할 수가 없어 헌금을 해주신 장로님과 상의했다. 그는 부족한 500만 원을 더 보내주었다. 일시에 보안을 위한 담장과 주차장 공사까지 마칠 수 있었다.

  또 그동안 필자를 도와주던 다른 한 장로님이 공사가 끝날 즈음에 현장을 방문하더니 교회 대문을 본당 공사와 함께 하는 것이 좋다며 소요 공사비를 헌금해 주었다. 이리하여 본당과 모든 부속 시설까지 완벽히 갖출 수 있었다.

  성전 내부에는 최고의 LED 등과 더위를 식히기 위한 천장 선풍기 3대, 지붕 꼭대기 두 곳에 별도 환풍구를 설치해 보다 밝고 시원한 구조를 갖췄다. 이와 별도로 아름다운 커튼과 벽 선풍기는 ROS교회 여전도회와 남전도회에서, 강대상은 파송 교회 여전도회에서 헌물했다.

  2017년 5월 27일 부지 매입비를 헌금한 성도 내외와 건축비를 헌금한 장로님 내외, 파송 교회 담임 목사와 교인 대표, 형제 교회인 말리왈루교회 성도, 이웃 협력 선교사, 시공 업체와 ROS교회 모든 성도들의 축복 속에 현지 사역지에서의 두 번째 교회를 하나님께 봉헌하는 은혜를 경험했다.

지(支)교회의 개척 2017. 11~

　ROS교회 새 성전이 완공되자 주위의 많은 사람들이 ROS교회에 대한 관심을 더 갖게 되고, 성도들의 자부심도 높아졌다. 얼마 지나지 않아 낯선 청년 두 사람이 교회에 출석하였다. 어디 살며 어떻게 오게 되었는지 묻자, 20여 분 거리의 Jalung 마을에 있는 교회에 출석하고 있었는데, 2년여 전 교회의 분란으로 목회자와 성도들이 다 떠나고 없어 예배를 드리지 못하고 있다는 것이었다.

　그 교회를 방문하여 둘러보니 낡은 벽돌과 목조 혼합 건물로 40~50명 정도 예배드릴 수 있는 규모였다. 처음 온 청년의 도움으로 건물을 관리하고 있다는 옛 성도를 만나 자초지종을 들을 수 있었다. 얼마 되지 않은 성도들과 목회자 간에 이견이 커져 교회 운영이 어렵게 되자 담당 목회자가 사임을 하고 교인들도 흩어져 문을 닫은 지 2년이 지났다는 것이다.

　옛 성도를 찾아 교회 재개를 위한 회의를 ROS교회 리더들과 함께 했다. ROS교회가 이 교회를 도와, 교회의 전면 보수를 2개월여 동안 실시하였다. 안타깝게도 전 Jalung교회 성도들은 함께할 마음이 별로 없었다.

　내외부 페인트와 전등 보수 등 최소한의 예배 공간을 갖추어 나가면서 Jalung 마을을 중심으로 열심히 전도를 펼쳤다. 2주 동안 옛 교인들을 비롯하여 마을 전체 동민들을 찾아 교회 출석을 권했다.

마침내 주일 오전 본 교회 예배 시간을 조정하여 ROS교회 예배 지원 요원과 찬양팀 그리고 담임 목사가 첫 예배를 인도하니 Jalung 마을 어린이와 청장년 30여 명이 참석하였다.

ROS교회의 새 성전 완공 후 1년이 안 되어 지(支)교회가 생겼다. 이 지교회의 성도들도 점차 늘어나고 교회의 면모를 갖추어 나갔다.

이후 2018년 4월 한국 선교팀이 방문하여 전 마을 주민 초청 성회를 개최하고, "Jalung ROS교회"로 새 교회명을 정한 다음, ROS교회의 지교회로 새출발을 하였다. 현재 50여 명이 출석 중이며, 절기 행사나 수련회 등은 본 교회와 같이 실시하고 있다. Jalung ROS교회는 모교회의 전통을 이어받아 앞으로 훌륭하게 부흥해 나갈 것이 기대된다.

4부

본격적인 선교 사역 II

— 교회 개척 및
건축 이외의 사역

1. 현지 목회 사역

평신도의 목회 사역 2012. 10~2018. 12

• 평신도 선교사의 목회 사역 문제

평신도가 사역지에 와서 선교사들의 요청으로 한국어 강의를 도와주니 지금까지 부르던 '장로'라는 호칭 대신 '선교사'로 부르기 시작했다. 처음에 어색한 느낌에다 자신이 아닌 다른 사람을 부르는 것으로 착각했다. 그러다가 교회를 개척하여 교회 건물을 짓고 본격 목회 사역을 시작하고 보니, 반대로 "평신도가 목회 사역을?" 하며 오히려 의아해 하는 목회자 선교사가 있었다. 그러자 일부 선교사는 "신학 공부를 해서 아예 목사 안수를 받으라"는 권유를 하기도 하였다.

그러나 신학 공부를 하지 않았으며, 목회 경험이 없는 필자는 빈민촌의 교회 사역 시작부터 현지인 목회자를 따로 두어 설교와 성경공부 등을 맡게 하고, 목회 방향 설정과 교회 운영 사항은 필자가 담당하는 방식으로 철저히 업무를 분담하였다. 그러다 보니 필리핀의 신학교 교육방식이나 기독교 문화가 한국과 많은 차이가 있어서 가끔 크고 작은 갈등이 야기되기도 하였다. 그러나 서로 이해하는 시간을 통하여 금방 해소해 나갈 수 있었다. 필자가 후일 현지어를 터득한 후 목회에 더 깊이 관여할 수 있어도, 현지 목회자와의 업무 분담 원칙은 계속 고수하였다.

필자는 선교사로서 "동역하는 현지인 목회자가 바른 믿음으로 바른 말씀을 증거하고 있나?", "양떼를 '예수님의 심장'으로 사랑하며 인도하고 있는가?"를 확인하고, 현지 목회자가 자기 나라 사람인 성도들을 상대로 하는 목회를 잘할 수 있도록 안내하고 도와주자는 마음으로 사역에 임했다. 이는 필리핀 꼴을 먹고 자란 현지 양들이 필리핀을 더 깊이 이해하고 사랑하며, 가능한 빠른 시기에 교회를 저들에게 이양해 필리핀 사람 스스로 필리핀의 영혼을 책임져나가게 할 수 있도록 하기 위한 생각에서였다.

필자가 목회자가 아닌 평신도로 일한 7년간의 목회 사역 기간 중, 어떤 제한이나 불편을 느낀 적은 없었다. 몇몇 사람들이 우려한 성례 행사는 현지인 목회자가 집례를 하도록 도와 해결하였다.

물론 할 수만 있다면, 시니어가 신학 공부 후 목사 안수를 받고 선교에 임하게 되면 사역의 범위를 더 넓게 그리고 더 깊이 할 수 있을 것이다.

- **평신도로서의 교회 사역 방침**

앞에서 필자가 언급한 사역 분담 원칙과 함께, 평신도 선교사가 현지인 목회자 및 현지 교회 리더들과 자주 대화하고 그들의 위치에서 그들의 이야기에 귀를 기울이면, 이민족(異民族)이기에 야기될 수 있는 생각의 차이와 갈등은 크게 해소할 수 있다.

필자의 경우, 현지 목회자와 매주 지난 한 주 사역의 평가와 다음 주 계획을 수립하고, 매월 전체 교회의 리더들과 정례 회합 등을 통해 하나님이 교회의 주인이시며 선교사가 여기에 왜 있는지를 이해시키고, 불거질 갈등을 미연에 방지했다.

또한 선교사가 먼저 한국 성도의 뜨거운 기도와 예배 중심의 교회 생활 모습을 보여주고, 한국 교회의 성경공부와 제자화 훈련 및 '구역/순/목장/셀' 등 조직적인 성도 관리 방식 등을 현지 교회에 적용하여 교회가 더 건강하게 성장해 나가도록 하였다.

아울러 이러한 교회 행정과 관리의 중심에 선교사가 위치함으로써 선교사의 역할이 분명해지고 성도들의 인식도 달라져, 선교사가 현지인 목회자 없이 목회 사역 전부를 담당하는 경우보다 오히려 더 장점이 될 것으로 여겨졌다.

필자의 목회 사역 중점: 차세대의 제자화

말리왈루교회 건축을 완공한 다음, 모든 교인 앞에서 "앞으로 5년 이내에 이 마을 전체를 복음화하는 것이 우리 교회의 목표"라고 선포했다. 많은 교인들이 "설마 그렇게 되겠어?" 하고 서로 의심의 눈치를 보였다. 상당히 속상했다. 어찌 교회에 출석하면서 그런 꿈도 없나 싶어 나름대로 추진 계획을 수립해 실천에 옮겨나갔다.

먼저 마을의 가가호호별 믿음 상태의 상황판을 작성해 공략을 펴기로 했다. 이를 위해 가장 믿음을 거부하는 가정, 자녀들만 주일학교에 출석하는 가정, 전도만 하면 가능성이 있는 가정 등으로 구분해 믿음의 정도를 색상으로 한눈에 볼 수 있게 했다. 계획에 따라 3년간 공략을 이어갔지만 목표에는 미달되었다.

이에 다시 한국 선교팀 방문 때를 적극 활용하기로 했다. 미리 전도 특공대를 편성해오도록 도움을 요청한 다음 우리 교회 파트너를 지정해 사전 전도 훈련을 실시하는 등 계획을 치밀하게 수립하였다. 효과는 좋았다. 그러나 선교팀이 돌아가고 준비해온 선물도 동이 난 것을 안 그들은 예전 모습으로 되돌아가고 말았다.

자신의 생각이 잘못이라고 뒤늦게 느꼈다. 현지 사역 초기에 세운 어린이와 다음 세대인 청년들을 중심으로 한 장기적인 사역 방향으로 전환하고 목표를 재설정했다.

- 어린이 제자 훈련과 교사

　교회가 어린이 급식 사역으로 출발하였을 뿐 아니라, 필자의 선교 중점을 차세대 복음화에 두었기에 주일학교는 교회 창립 때부터 시작하였다. 아울러 새 성전은 마을의 가장 좋은 건물이요, 모이기도 편리한 곳이라 출석 어린이들의 수는 점점 많아졌다. 어린이들을 학년별 소그룹(분반)으로 나누어 밀착 지도를 시도했다. 하지만 이를 담당할 교사의 부족으로, 교사로 세울 청년들을 전도하는 일이 더 시급했다.

　청년들을 좋은 교사로 양성하기 위해 매주 수요일과 토요일 청년 성경 강해 및 제자 훈련을 실시했다. 또 출석이 꾸준하고 믿음이 분명한 자들을 교회 장학생으로 임명해 사명감을 가지고 봉사하도록 인센티브를 부여했다.

　주기적으로 청년 수련회와 세미나를 통해 차세대 교육의 문제점과 개선 방안의 토론 및 격려의 장을 마련하여 리더들의 적극적인 참여를 제고하고, 교회의 미래는 차세대의 복음화에 있다는 선교사의 사역 철학을 공유해 나갔다.

　아울러 불어나는 어린이들을 차세대 리더로 양성할 필요를 느껴, 초등학교 고학년을 대상으로 평일 저녁 어린이 제자 훈련 과정도 도입했다. 이를 위해 청년 교사들이 주중 1회 4~5명 단위의 분반을 맡아 이 어린이들을 지도해 나갔다.

- 청년부 지도: 열린 예배와 청년 자체 활동 및 제자화

어린이 지도를 위해서는 청년 교사 확보와, 이들 청년들이 교사로서의 역할을 잘 감당할 수 있도록 하기 위한 청년 교육이 우선되어야 할 과제였다. 아울러 이들이 교회의 중추로서 지역 복음화의 첨병 역할도 수행해야 하겠기에, 사역 초기부터 청년들의 전도와 리더십 배양에 가장 큰 역점을 두었다.

먼저 청년들의 교회 출석을 독려하기 위한 방법이 필요했다. 특히 남의 눈치를 많이 살피는 필리핀인의 성향이 청년들에게도 그대로 나타나, 다른 사람을 의식해 낮 시간 교회 출석을 머뭇거리는 일부 청년들이 저녁 청년 예배에는 자신 있게(?) 참석하곤 했다. 따라서 이들 청년들을 위한 예배를 주일 저녁에 드리기로 하고, 교회가 준공되자 바로 열린 예배 형식으로 부담 없이 청년들이 참석할 수 있도록 하였다.

말리왈루교회를 시작하면서 급식 사역 때부터 헌신한 청년들이 주일학교와 청년부의 첫 리더를 맡았으며, 이들은 필자의 필리핀 사역 기간 중 가장 큰 힘이 되어주었고, 귀한 동역자로 헌신하였다.

이후 전도되어 온 청년들까지 모두 리더로 세워나가기 위해 예배를 청년들이 자율적으로 드리게 하여, 예배의 순서 진행은 청년들이 맡아 훈련해 나가기 시작했다. 초기에는 말씀과 기도 지도는 현지인 목사와 선교사가 담당했으나, 점차 청년 열린 예배로 바꾸어 나갔다. 2년여가 지나 저들의 믿음이 어느 정도 자라게 되어 찬양, 간증, 게임 순서 및 리더들에 의한 윤번제 말씀 증거(설교)

▲ 말리왈루교회 주일학교 전체 예배

▲ 말리왈루교회 주일학교 야외 분반 공부

▲ 말리왈루교회 어린이 제자화 공부 수료식

▲ 말리왈루교회 청년부 축제

▲ 말리왈루교회 청년 스포츠 페스티벌

▲ 말리왈루교회 야외 활동

에 이어 현지인 목회자의 말씀 요약 후 통성기도로 마무리하면 2시간 정도 소요되었다.

청년 예배와는 별도로 청년 자체 활동을 통한 전도와 리더십 배양 프로그램도 병행하였다. 이중 이웃 교회 청년들을 초청하는 연례 청년 축제(Youth Anniversary로 칭함)와 여름방학 2개월간 매 주일 오후에 실시하는 스포츠 페스티벌은 단연 최고의 행사였다. 특히 스포츠 페스티벌은 마을의 불신 청년들까지 초청해 4개 팀으로 나눈 다음, 팀 대항 풀리그전으로 진행됐다.

이 두 행사를 통해 초청된 불신 친구들과의 게임 후 교제를 나누면서 자연스레 교회로 인도하여 청년 예배에 동참하도록 했다.

스포츠 페스티벌 이후에는 청년 축제 준비와 연습 기간이 2개월여 되며, 별도 성탄 및 10월말의 교회 창립 행사 준비 등으로 이래저래 청년들은 1년 내내 저들의 활동 중심이 교회가 된다.

청년들은 교회의 허리로 찬양팀과 주일학교 교사, 어린이 제자 훈련 교사 역할을 감당하고 있어, 교회는 이들의 영성 지도와 제자화 교육에 가장 역점을 두고 있다.

그 외의 차세대를 위한 교회 사역 2012. 12~2018. 12

- **원격지 급식 사역**

어린이 전도는 가장 귀한 차세대 선교의 시작이다. 따라서 주일학교 출석자와 제자 훈련 대상 어린이에게만 국한할 수 없어 매주 토요일 오후에 교회 출석이 어렵거나 타 교회도 접근이 쉽지 않은 마을의 어린이들을 위해 교회 인근의 두 곳을 찾아 출장 급식 사역을 실시했다. 개척 때부터 해오던 일이었다.

찬양과 기도 후 율동을 가르친 다음, 하나님 말씀을 전한 뒤에 준비해 간 음식을 나눠준다. 이 시간에 어린이는 물론 다수 어머니들도 자녀들과 함께 참석한다. 그들에게도 복음을 전하지만 여전히 교회 출석은 거리가 멀어서인지 쉽지 않았다.

• 어린이 공부방 운영

교회 건물이 완성된 후, 어린이들에게 더 가까이 다가가기 위하여, 학교 공부에 부족한 '영어 보충 수업'을 토요일 오후에 2시간씩 실시했다. 그러나 그동안 워낙 공부와는 담을 쌓고 지내던 아이들이라 한 학기를 넘기지 못하고 수강자가 줄어들어 폐강하고 말았다.

어린이들이 배우고 싶은 것은 무엇일까? 바로 그들의 요구는 '한국어'였다. 처음에는 20명이 넘던 한국어도 2년을 넘기자 열의가 식었다.

몇 차례 시행착오 끝에 교회에서 제공하는 프로그램보다 자신들의 필요에 의해 스스로 공부할 수 있는 계기를 마련해주는 것이 좋겠다고 판단되었다. 고심하던 중에 찾은 것은 바로 '어린이 공부방'이었다.

2017년 말, 드디어 하나님께서는 기적같이 전 교인의 간절한 기

▲ 말리왈루교회 원격지 어린이 급식 전 말씀 공부

▲ 말리왈루교회 어린이 급식 모습

▲ 말리왈루교회 공부방 공사 장면

▲ 말리왈루교회 공부방 건축 후 어린이 공부 모습

▲ 말리왈루교회 어린이 컴퓨터 교실 1

▲ 말리왈루교회 어린이 컴퓨터 교실 2

도에 응답해 주셨다. 어린이들의 꿈을 키워나갈 수 있는 '어린이 전용 공간'을 허락하신 것이다(뒤의 4부 2항 참조). 그곳에서 평일 방과 후 자율학습과 지도교사의 도움으로 아이들에게 맞춤형 교육이 이뤄졌다. 이들을 지도할 교사는 주일학교 교사 중 자원자를 뽑아 운영하니 모두가 좋아했다.

방과 후 그리고 저녁 시간에 저들의 집보다 훨씬 좋은 이 공부방은 어린이들의 친교와 교제 그리고 만남의 장으로 좋은 친구 초청의 공간이 되기도 한다.

• 어린이 컴퓨터 교육

어린이 공부방이 준공되자 하나님은 또 한 번 뒤(4부 2항)에서 언급할 한국 NGO(비정부기구)를 통해 노트북 10대의 설치를 허락해 주셨다. 어린이 컴퓨터 교육과 함께 이를 매개로 한 어린이 전도의 마스터플랜을 새로 만들었다.

일단 컴퓨터를 접하지 못한 어린이가 많아 '기초반'과 게임으로 어느 정도 컴퓨터 조작이 가능한 '활용반'으로 2개 반을 편성했다. 매주 토요일과 주일 각 1시간씩 수업과 2시간 정도 자체 연습을 할 수 있도록 지도하고 있다.

감사하게도 컴퓨터를 잘 아는 자원봉사자가 이 일에 교사로 참여해 반 편성 및 세부 지도 계획까지 수립했다. 당초 예상한 각 반 10명의 배가 넘는 인원이 희망하여 순서를 조정해 실시 중이다.

빈민촌 교회에서 컴퓨터 교육을 통한 어린이 전도는 어린이 복음화를 넘어 저들의 의식을 더 높여줄 수 있었다. 또한 미래의 꿈을 키워나가게 할 뿐 아니라 자신의 직업 선택까지 교회가 도울 수 있다는 새로운 차원의 선교의 장이 펼쳐졌다. 또 하나의 축복이었다.

나아가 말리왈루교회는 청년과 장년들에게도 확보된 컴퓨터의 선교 도구화를 꿈꾸고 있다. 이미 그 기반은 조성됐으므로!

교인 신분별 그룹 활동 2013. 10~2018. 12

차세대 어린이와 청년 신앙 교육만큼 교회 사역에서 가장 힘써 온 사항은 '하나님 말씀 공부를 통한 모든 성도들의 신앙 성숙'이었다. 살아 운동력이 있는 하나님의 말씀이야말로 바로 믿음의 기초요 필수 영양제이기에….

어린이와 청년들은 어느 정도 열매를 거둘 수 있었으나 장년들은 정말 쉽지 않았다. 이를 위해 처음에는 교회에서 목회자와 선교사가 평일 성경공부를 해봤으나 참여도가 기대 이하였다. 이에 거주지별로 두 그룹을 나눠 구역 성경공부로 바꾸었다. 이마저 책임자의 열성에 따라 그 활동이 크게 좌우되어 성과를 얻지 못했다.

부득이 2017년부터 전 교인을 연령과 남녀 성별로 그룹을 나누어, 이 그룹별로 성경공부와 친교활동을 해나갈 수 있도록 완전히 그 방식을 바꾸었다. 남자 장년, 여자 장년, 여자 중년, 남자 청년과 여자 청년으로 세분화하고 각 그룹별 책임자(리더)와 부책임자

▲ 말리왈루교회 초기 구역 성경 공부　　　　▲ 말리왈루교회 그룹 활동

를 임명했다. 먼저 각 리더들을 매주일 저녁에 모아, 다음 주에 가르칠 내용을 예습시켰다. 그러면 다음 주일 낮 예배 후에는 각 그룹별로 친교와 함께 리더에 의한 성경공부가 가능했으며, 중보기도도 병행하였다.

　이어 매주 각 그룹이 순차적으로 주일 낮 대예배의 사회와 개회기도, 헌금기도와 안내를 담당하게 하고, 금요기도 때는 해당 그룹이 기도 인도를 비롯한 기도회 모두를 진행하도록 했다. 그러자 이들 소그룹 리더들의 자체 리더십 배양과 그룹별 단합 및 친교 등 예상했던 활동의 효과를 크게 볼 수 있었다. 뿐만 아니라 2년이 지나니 자체 예배와 기도회 인도도 차츰 가능해지고 있다.

2. 부대 건물 건축과 비정부기구(NGO)와의 협력

빈민 마을 다리 건설 2016. 10~12

주 사역지 말리왈루 부락은 도시 빈민 거주촌이다. 그러다 보니 생활 여건의 열악함은 이루 말할 수 없다. 특히 교회 옆 시베라(Xevera) 부락은 냇가의 쓰레기 하치장 주변에 무허가로 사는 마을이라 전기도 연결되지 않고 지내다가, 2017년에야 겨우 간이 전봇대를 이용해 공급되었을 정도다. 그 열악함이란 가히 상상할 수 있을 것이다.

그런 시베라 사람들이 교회로 오기 위해서는 6~8m 폭의 강을 건너야 하는데, 이 강에 다리가 없어 물 속을 걸어야 하는 처지였다. 우기에 강물이 불어나면 이마저도 곤란해 대나무로 임시 다리를 만들어 불어난 물 위를 건너와야 했다. 너무 위험하고 안타까웠다. 비가 많이 내리면 교회 출석을 하지 못하는 형편이었다. 이들은 항구적인 다리 건설을 소망했으나 그 비용이 만만치 않았다. 나라에 건의해도 불법 거주지 주민들이라 민원으로 받아주지 않는 상황이었다.

이를 두고 기도해오던 중 하나님께서 천사(?)를 보내주셨다. 2016년 8월 어느 날 아는 집사님 한 분이 느닷없이 필자의 사역지를 한번 둘러보고 싶다고 요청해왔다. 그분 말인즉 한국의 아는 어느 로터리클럽에서 필리핀 빈민들의 생활환경 개선을 위한 사업을 지원하려 하는데, 한인교회에서 새벽기도를 같이 하던 필자가 생각났다는 것이다. 시베라 마을 다리 건설의 필요성과 소요예산 및 개략적인 건설 설계도를 제출했다.

현지 사정을 잘 이해하게 된 이 로터리클럽이 흔쾌히 사업 승인을 해주어, 지원한 예산으로 마침내 다리를 짓기 시작했다.

주어진 예산은 도보로만 건널 수 있는 다리의 건설이 가능한 액수였으나, 주민들은 오토바이와 트라이씨클(오토바이에다 사이드카를 붙인 세바퀴 차)까지 통행할 수 있는 다리를 원했다. 부득이 지원예산의 제한으로 모래와 자갈은 마을 근처에 쌓인 것을 그냥 옮겨 사용하였으며, 마을 주민이 직접 공사를 거들어 인건비를 줄였다. 그럼에도 부족한 비용은 교회가 일부 부담하여 주민들이 원하는 다리로 준공하였다.

그해 말, 예산을 지원해준 로터리클럽 회원들을 비롯해 건설에

▲ 시베라 다리 건설 전 강 건너기

▲ 시베라 다리 건설 전 대나무 다리

▲ 시베라 다리 완공 후 모습 1

▲ 시베라 다리 완공 후 모습 2

손수 동참한 주민들과 함께 준공의 기쁨을 나누었다. 준공식에 참석한 로터리클럽 회원들은 "지금까지 몇 차례 유사한 사업을 다른 곳에 지원했지만 이처럼 알찬 결과물은 처음 본다"라며 모두가 뿌듯해했다. 그러면서 "우리가 지원할 또 다른 사업이 없느냐?" 하는 제의를 먼저 해 와, 다음의 어린이 공부방 사업을 이듬해 연속으로 지원받을 수 있었다. 모두 하나님의 심오한 계획과 사랑이었다.

어린이 공부방(교회 교육관) 건축 2017. 12~2018. 3

말리왈루교회 건축 후 몇 해까지만 해도 본당 이외 공간의 필요성은 절감하지 못했다. 그러나 주일학교가 부흥하고 청년부가 성장함에 따라 별도 공간의 필요를 느끼기 시작했다. 이에 교육관 건축을 검토하게 되었다. 그러자 하나님께서는 또 놀라운 기회를 주셨다.

말리왈루 주민의 다수가 허름한 대나무나 흙벽돌로 된 방과 부엌, 거실 및 침실용의 다목적 방 1개 내지 2개짜리 집에서 지내고 있다. 이렇다 보니 어린이가 방과 후 또는 여유 시간에 집에서 숙제나 자습은 엄두도 낼 수 없으며, 학교에서 집으로 돌아와 다음 날 학교에 가기까지 책을 한 번이라도 들여다볼 수 있는 장소가 없었다. 그런 상황에서 어떻게 저들에게 꿈을 이야기할 수 있으며 집에서 성경을 보라고 하겠는가?

그런데 때마침 앞서 다리 건설을 도운 단체에서 지역민들에게 또 다른 필요가 없는지 물어왔다. 이들은 기독교 단체가 아닌 순수 NGO이므로, 선교 목적이나 교회의 필요를 도와주는 단체가 아니었기에 교회 교육관 용도로 지원을 청할 수는 없었다.

이때 하나님께서 지혜를 주셨다. 어린이들의 공부방 사업은 현지 아이들의 교육 기회를 늘려서, 근본적인 삶의 패턴을 바꾸어 자립의 기회를 열어줄 수 있는 필요 공간이다. 이 사업은 차세대에 비전을 심어줄 사업으로 일반적인 교회의 요구가 아닌 인류애적 가치를 둔 사업이 아닌가? 다만 누군가가 담당해야 할 어린이들의 지도는 교회가 맡아 나가야 하기에 교회 가까이에 지어야 한다는 근거를 제시하면 될 테니까.

이러한 우리의 계획을 설명하면서 부지는 교회가 제공할 수 있다고 제의했다. 1년 전 시베라 부락 다리 공사를 목격한 저들로서는 대만족이었다. 예상대로 바로 승인을 받았다. 제대로 된 설계도와 소요 예산 및 공기 등을 제시하자 건축비 전액을 지원받는 기적이 일어났다.

필요했던 교회 부속 건물 하나인 교육관(어린이 공부방)을 온전히 하나님의 선물로 받는 기쁨을 누릴 수 있게 된 것이다.

어린이 공부방의 업그레이드 2018. 11

공부방이 점차 어린이 학습장으로 체제를 갖추어 나가면서 사용자가 많아지자 더 많은 학습 자료들의 필요가 제기되기 시작했다. 필자와 교사들은 종전의 참고서 위주의 아날로그 학습 교재보다 어린이들이 더 선호하는 디지털 학습 자료를 갖추어 나갈 수 있도록 계속 기도하고 있었다. 필요한 자료 목록과 필요 예산 및 단계별 확보 세부 계획도 마련했다.

하나님께서는 앞서 공부방 건축을 지원해준 NGO(로터리클럽)를 통해 또 한 번 우리의 기도에 응답해 주신 것이다. 이 NGO가 노트북 10대와 빔 프로젝트, 프린터와 자동 스크린 등을 제공해줬다. 교회에서는 적절한 교육용 프로그램을 선정하고 자료들을 탑재해 나갔다. 또 어린이들에게 컴퓨터 활용법과 자료 검색 요령 등을 공부시켜 시골 빈민촌에서도 도시에 못지않는 교육 환경을 조성했다.

이를 통해 교회가 지역사회에 기여하는 조직으로 인식을 높여 나갈 뿐 아니라 주민 참여 제고와 어린이 전도에 큰 역할을 담당하게 됐다.

3. 선교 후원 및 선교 보고

선교팀 지원과 협력 및 선교팀 방문 이후의 관리

여러 교회들이 선교지에 단기 선교팀을 보내어 예수님의 지상 명령인 "땅 끝까지 복음을 전파(선교)하라"는 제자의 사명을 잘 감당하려 애쓰고 있다. 이들은 선교사가 직접 감당할 수 없는 일들도 수행할 수 있으며, 선교지 체험을 통해 귀국 이후 하나님 나라의 부흥과 선교 완성을 위해 믿음 생활을 더 뜨겁게 할 수 있는 기회로 삼을 수 있다.

따라서 현지 선교사는 선교팀 방문 일정과 자신의 중단기 사역 계획을 적절히 조정 결합하여 가장 효율적인 선교가 되도록 사전 준비 단계에서부터 긴밀한 협의를 한다. 또한 이 단기 선교팀의 한국에서의 준비 및 선교지에서의 활동 전반 그리고 사후 평가 단계에 이르기까지 서로 간 철저한 상호 협조 및 사후 결과를 공유하는 것이 무엇보다 중요하다. 이는 선교팀은 물론 선교사의 향후 사역 계획 수립에 좋은 참고 자료가 되기 때문이다.

뿐만 아니라 선교팀 철수 이후의 기존 교인과 새로 전도되어 온 새신자와의 연결 및 교회 정착과 사후 관리를 포함하여 선교팀이 뿌리고 간 선교 씨앗의 지속적인 양육과 결실에 이르기까지의 A/S와 관리는 모두 현지 선교사의 책임이자 주요 과제이다.

선교팀별 특성 개략

- **파송 교회 선교팀**

선교사와의 가장 긴밀한 업무 협조와 관계 유지는 파송 교회와 함께하는 것이 너무나 당연하다. 따라서 파송 교회는 선교지에 보이는 애정이 가장 각별하며, 선교사의 필요를 제일 잘 채워줄 수 있는 선교팀원들을 보낸다.

필자의 경우 파송 교회에서 매년 한 차례 이상씩 공식 혹은 비공식적으로 선교팀을 보냈다. 교회에서 수개월간 준비한 선교팀은 물론 권사회, 여전도회, 성도 가족 등 다양한 선교팀이 다녀갔다. 모두 방문 전도와 찬양, 말씀 집회 등의 준비와 전도지, 전도 물품, 새신자 선물 등의 준비를 위해 수차례 의견을 교환하고 논의를 거쳐 진행한다. 이 과정에서 이미 참가자 스스로 은혜를 체

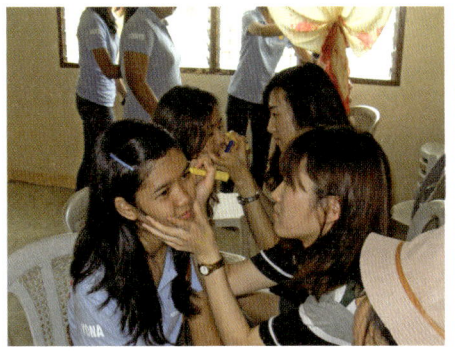
▲ 선교팀 어린이 초청 잔치 모습

▲ 선교팀의 복음 전도 활동 1

▲ 선교팀의 복음 전도 활동 2

▲ 선교팀의 전도 야외 집회

험할 뿐 아니라, 결과를 예측할 수 있을 만큼 모든 진행이 완벽해 얼마나 큰 도움이 되었는지 모른다.

- 모군(해군) 교회 선교팀

군복을 벗은 지 20여 년이 지났지만 군 교회는 젊음을 다 바친 곳이요, 하나님과 더욱 깊은 교제가 이루어진 곳이다. 따라서 그때 성도들이나 당시 담임 목사였던 군목들과는 또 다른 친분과 기억들이 남아 있다. 그래서인지 필자가 선교지에 나와 있다는 소식이 알려지자 많은 기도와 성원을 아끼지 않은 분들이 바로 이들이었다.

그중에서도 해군중앙교회는 2회에 걸쳐, 2차 세계대전의 주요 해전 관련 전적지 답사를 병행한 선교팀의 방문을 가졌으며, 두 차례 다 모든 선교팀의 활동 프로그램을 선교사 위주로 편성하고 준비했다. 특별히 필자의 사역 중점이었던 어린이와 청년 복음화를 위해 초등학교 지원 프로그램과 어린이 전도 및 게임과 놀이지도 등으로 상당한 영향을 끼쳤다.

또 준비 단계에서 필자를 한국으로 초청해 전 교인 대상 선교특강과 선교 예정 교인들과의 만남을 주선해, 선교 준비 사항 검토와 보완을 함께 함으로써 힘과 아이디어를 공유할 수 있었다.

- 선교에 목숨 건(?) 예비역 군목 시무 교회 선교팀

또 다른 특이한 선교팀은 예편하신 군목 한 분이 담임으로 시무 중인 교회의 선교팀이었다. 이 교회의 선교 담당 장로는 어떤 선교사보다 열정이 대단했다. 준비 단계에서부터 모든 선교 단원의 연속 기도회, 현지에서 행할 모든 프로그램을 오로지 전도와 복음 영접으로 편성해 왔다. 게다가 하나하나의 사전 연습과 전도되어 온 불신자 관리까지 한국에서 미리 다 준비해오는 열정을 보였다.

도착 시부터 귀국 시까지 다른 계획은 일체 잡지 않고 전도와

전도된 자들의 관리 및 현지 교회 전도팀과의 평가회로 모든 시간을 다 채웠다. 덕분에 선교지 교인들이 큰 도전을 받아 전도에 임하는 자세가 100% 달라지는 계기가 되었다.

선교 후원: 교회와 지인, 가족 등 선교팀

선교팀이 선교지에 직접 와 단기 선교 활동과 현지 체험도 필요하지만, 선교지는 많은 영적 싸움과 도전이 이어지는 곳이기에 이를 위한 '기도 후원'이 무엇보다 필요하다.

또 선교에 필요한 '물질 후원'을 통한 지속적인 관심이 요구된다. 필자가 경험한 바로는 이런 교회일수록 전도 열의가 높고 부흥이 빠르며 기도가 뜨거웠다.

각 선교사들마다 후원자와 후원 교회는 다른 계기들로 관계가 이어지지만, 필자는 처음부터 자비량을 전제로 선교지에 왔으므로, 모두 상대편에서 먼저 희망해옴으로써 후원이 이루어졌다.

한 예로, 신앙생활을 같이 한 장로 가정이 필리핀에 휴가차 왔다가 사역지를 둘러보고 난 다음 마음에 감동을 받아, 자신이 직접 선교지에 오지는 못해도 돕는 선교를 하고 싶다는 뜻을 밝혔다. 그는 10여 년 가까이 꾸준히 선교비를 지원하고 자신의 교회로 선교 특강을 요청한 바 있다.

또 군목들이 전역 후 시무하는 교회에서도 이와 유사한 경로로 후원과 선교 특강을 요청하여 재정적 도움을 주는가 하면, 미국 유학 시 출석했던 한인교회 목사님도 어떻게 아셨는지 선교지 직접 방문에 이어 몇 년째 후원을 해주셨다.

자식이나 친척 등 가족도 일정액을 매월 송금해 주고 있어 이래저래 자비량 선교 원칙이 무너졌다.

게다가 비공식적인 모임이나 가족 단위의 선교지 방문은 그 나름대로 선교사에게 큰 도움과 영향을 끼치며 위로와 활력을 불어넣어 주었다.

선교 보고와 선교 편지

파송 교회에 선교 활동 내역과 선교사의 동정 및 필요한 기도 제목 요청에 대한 자세한 회신과 선교 보고는 선교사가 행해야 할 당연한 의무다. 그러나 이러한 선교 보고는 선교사에게 부담이 될 뿐 아니라 자칫 보고를 위한 보고가 될 수도 있다며, 모(母)교회는 파송 시부터 이를 요구하지 않았다.

그러나 의도와 달리, 파송 교회 일부 성도들과 특정 선교회 등에서 선교사가 어떻게 지내는지, 기도해야 할 사항은 무엇인지 등 궁금한 사항을 계속 물어왔다. 이에 일일이 답하기보다 한꺼번에 동향을 알려드리고 기도 제목을 보고하는 것이 낫겠다고 판단했다.

또 귀한 선교 후원금을 보내주는 기관과 개인들이 생겨나서 그들로부터 지원받는 선교비가 어디에 어떻게 쓰이고 있는지를 알려드려야 한다는 의무감을 느꼈다. 이에 선교 보고나 선교 편지

▲ 무지개교회 선교 보고 모습

▲ 굿월교회 선교 보고 모습

▲ 신림교회 선교 보고 모습

▲ 샘물교회 선교 보고 PPT

▲ 장지교회로 보낸 선교 편지(2015년 12월)

우리 하나님께서 축복으로 인도해주신 2015년이 이제 곧 끝나가고, 또 새 한해를 준비해야 하는 시점에 이르렀습니다.
정말 금년 한해도 담임목사님과 장로님들을 비롯한 온 장지 교우들의 성원과 기도 덕분으로, 감사와 보람 그리고 기쁨이 함께한 한해였음을 먼저 말씀드리지 않을 수가 없습니다.
작년 이 맘 때에 2015년 준비하면서, 충력전도, 전성도 성경공부를 통해 "성장하는 교회"(벧후 3:18)라는 새해 목표를 설계하고 1년을 달려 온 지금, 한해를 뒤돌아보면 정말 하나님의 은혜뿐이었음을 느끼기 때문입니다.

그 중에서도 특별히 금년에 전교인에게 전도를 강조하면서 "4앨리" 교육에 온 힘을 쏟은 결과 성경공부를 하면서도, 기도할 때에도, 그리고 예배를 드리면서도 "우리를 향한 하나님의 사랑과 우리를 위한 놀라운 계획"으로 인해, 우리가 지금 여기에 있으며 교회가 존재하는 이유임을 깨닫게 된 것이 가장 큰 보람이기도 합니다.

이제 예년과 같이 한 해의 마무리와 성탄을 보내고 연이어 새해 사역을 설계하면서, 장지교회 온 성도님께 감사 인사와 더불어 몇 가지 기도제목을 나누고자 합니다.

1. 금년 한 해, 충력 전도를 통해 결신한 자들을 잘 인도하고 권면하며 관리하여, 하나님을 바로 영접할 수 있게 할 수 있기를

2. 이들을 통해 말리왈루 교회와 구원의 반석교회(ROS)를 세우신 하나님의 계획에 따라 지역 복음화가 앞당겨지고 지역주민의 영적각성이 일어날 수 있도록

3. 교회의 주역이고 미래인 어린이와 청년들이 주님을 바로 알고, 바로 받아드리도록 주일학교와 청년부의 성경공부 및 청소년열린 예배를 통해 저들의 믿음이 잘 자라기를

4. 2016년 교회 목표로 세우려는 "신앙성장의 결실"을 거두기 위한 전성도의 신약성경 통독과 책임전도의 구체적 실천을 위해

5. 12월 19일 토요일 오후 6시에 있을 ROS 교회 건축기금 모금을 위한 제2차 어린이 공연 'Psalty's Christmas Calamity(Psalty의 크리스마스 낭패)'가 순조로이 잘 진행되어지고, 이를 통해 계획한 건축기금 모금과 교회건축 후원자가 하나님의 때에 하나님의 사랑으로 나타나 잘 수 있도록

다시 한 번 2015 한 해 동안 배풀어 주신 장지교회 모든 분의 사랑과 성원 그리고 기도에 깊이 감사드리며, 성탄의 기쁨과 예수님 오심의 참 의미가 되새겨지는 크리스마스가 되시기를 기원합니다.

2016년 새해를 맞아 목사님과 사모님, 장로님들과 그리고 온 장지 가족 여러분 모두의 건강과 하나님의 크신 축복이 항상 함께 하시기를 간절히 기도합니다.

Merry Christmas and Happy New Year!

2015년 12월 6일

필리핀 김재복 / 손태숙 올림

를 일정 주기로 보냈다.

여기에는 형식에 구애됨이 없이 진행되고 있는 사역 내용과 기도해 주기를 바라는 사항, 선교비의 쓰임에 관한 내용들로 비정기적 보고와 선교 소식들을 담았다.

특별히 방문을 요청하는 곳에는 일시 귀국 시의 일정을 조정하여 보다 자세한 선교 보고를 드리고, 현지의 상황과 감사를 전하면서 현장을 이해할 수 있게 했다.

5. 평신도 선교사로 협력 및 봉사

1.
지역 협력 선교

 사람은 사회적 동물이기에 혼자만의 생활이 더불어 생활하는 것보다 훨씬 더 힘들 때가 많다. 그래서 주위의 많은 선교사들은 물론 지역의 한인교회 목사들과 자연스런 관계를 맺고 지내게 되었다.

 이들과의 만남과 교류를 통하여 자연스레 지역과 지역 선교사가 요구하는 것이 무엇이며, 서로 협력할 사항에 대해서도 알 수가 있었다. 또한 이들과의 교류는 선교 지경을 넓혀 나가게 해 주었을 뿐 아니라, 선교지 생활의 또 다른 활력소가 되기도 했다.

다양한 교류 및 활동

• 선교사협의회와 한인교회협의회의 관계

가장 가까이 그리고 가장 잦은 교류는 지역 선교사들 및 지역 한인교회 목사들과의 만남이었다. 특히 지역 선교사협의회 회원은 목회자 선교사라야 한다는 협의회의 규정으로, 정식 회원으로 가입할 수는 없었지만 이 협의회와는 잦은 교류를 통해 많은 도움을 주고받았다.

그동안 선교사들의 자문 응대와 선교지 행사 참여 및 사역에 가능한 동참과 협조를 아끼지 않은 결과, 선교사협의회가 주최하는 수련회나 각종 세미나에 초청해주어 기쁘게 참석했다.

또한 지역 한인교회협의회가 실시하는 지역사회와 선교사를 위한 기도회 참석을 비롯해 부활절 새벽 연합예배 등 각종 절기 행사 참석, 한인교회의 청년예배 지도 등의 요청에도 협조하여 긴밀한 관계를 유지하였다.

그 결과 후일 한인학교 교장 재직 시, 지역 한인교회 목사들로부터 학생 모집과 교사 수급 등에 많은 도움을 받을 수 있었다. 또한 한인학교 채플 강사 초청에 적극적인 협조와 입학식, 졸업식을 비롯한 각종 학교 행사의 기도와 축도 순서 요청에도 흔쾌히 응해주기도 하였다.

- 성경학교 교사 강습회, 선교사 타갈로그어 강습회 등 참석

지역에서는 일부 뜻있는 선교사들끼리 협력하여 성경학교 교사나 주일학교 교사 강습회를 함께 실시해 오고 있었다. 이런 선교사들끼리의 협력 활동에 동참하여 혼자 할 수 없었던 어린이 지도 전문 강사 초청 세미나 등에 함께하여 많은 도움을 받았다. 또 이를 통해 상호 선교 노하우의 공유와 정보를 주고받을 수 있었으며, 어린이 교육 자료 교환 등의 좋은 기회가 되었다.

또한 선교사들에게 요구되는 타갈로그어 습득을 위해 지역 선교사협의회가 마련한 타갈로그어 전문 강사 초청 단기 강습회와 집중 강의에 참석하여 큰 도움을 받았다. 특히 이들과 함께 한 타갈로그어 공부는 후일 선교사들과의 스터디 그룹 결성에 결정적인 계기가 되었다.

지역과 협력 선교

- 한인교회의 선교 체험 실습지 제공

선교지에 있는 한인교회 담임목사들 중에는 선교에 관심을 가지고 교인들에게 선교의 기회를 갖도록 하는 분이 있었다. 앞의 말리왈루교회나 ROS교회로 성도들을 보내어 급식 사역의 체험과 노방전도 및 찬양과 율동으로 복음을 전하는 1일 단기 사역을 함께 실시하기도 했다.

이를 통해 두 현지 교회 성도들에게 전도의 자극과 열심을 일깨

워 주는 효과와 함께 한인교회와 필리핀 교회가 연대하여 복음 전도에 힘을 모을 수 있었으며, 상호 친교 유지의 계기도 되었다.

앞의 말리왈루교회 신축 헌금 기탁자(3부 1항 참조)도, 그리고 NGO와의 연결(4부 2항 참조)도 이러한 협력의 결과에 의한 것이었으며, ROS교회 건축 공사 기간 중 지역 한인교회로부터 몇 차례에 걸친 인부들에 대한 격려도 이 때문이었다.

• 지역 기독 업체 / 관계자와의 유대

선교지 지역의 이민사회에는 한인 업소들이 많았다. 그중 기독교 신자가 업소의 주인인 경우에는 직간접으로 선교사들을 도우려고 애쓰는 분들이 있었으며, 선교사 못지않게 선교에 관심이 깊은 분들도 있다.

또 자녀 교육차 온 어머니들 중에는 선교지 교회에 지원을 아끼지 않는 분들도 있었다. 이들과의 좋은 관계는 물적, 인적으로 큰 도움을 얻는 통로가 되며, 반대로 이들에게 선교에 동참하는 보람과 기회를 줄 수 있게 된다.

그중 사역에 직접 도움을 주신 몇 분과의 관계를 소개하려 한다.

- M 미용원장

교회 개척 초기에 아내가 가끔 이용하던 미용원 주인으로부터 어느 날 전화가 왔다. "장로님이 사역하시는 교회가 빈민촌에 위치한다는데, 저희가 미용 봉사를 한번 가도 될까요?"라는 공손한

청을 해온 것이다. 이후 구체적인 미용팀 구성과 방문 일시를 협의한 후 첫 봉사가 시작됐다.

이들이 방문하기 며칠 전부터 지역민들, 특히 어린이들을 대상으로 무료 미용 서비스 제공에 대한 안내를 담아 교회로 초청하는 전단지를 배포했다. 봉사 당일 모여드는 대기자들 중 불신자들은 꼭 복음을 듣게 해야 할 전도의 대상이기에, 미리 교회 리더들에게 전도 요령을 숙지시켜 이들을 놓치지 않고 복음을 소개하도록 준비했다.

첫 봉사에는 8명의 이미용사들이 참여했다. 시작 기도와 함께 3시간여 동안 쉬지 않고 60여 명에게 멋진 헤어스타일을 선사하는 한편 비타민과 영양제 등의 약품 등을 전해주었다. 그중 가장 중요한 것은 복음이라는 큰 선물이었다.

이후에도 매달 한 차례씩 찾아와 아름다운 봉사로 하나님을 기쁘시게 하는 모습이 얼마나 감사한지. 나중엔 이 소식이 지역에 알려지자 여러 다른 선교사들도 이들의 봉사를 요청하여, 말리왈루교회의 방문은 매달 주기에서 매분기 주기로 바뀌게 되었다.

매일 전 직원과 시작 예배로 미용실 문을 여는 그들의 봉사와 협조는 지금까지 몇 년째 이어지고 있다.

- P사 필리핀 법인장 내외

일찍 좋은 신앙을 가진 한국의 P사 필리핀 법인장 내외와 함께 성경공부를 하게 되었다. 아직은 젊은(?) 시니어인 두 분의 인품과

▲ 경신교회 ROS교회 방문

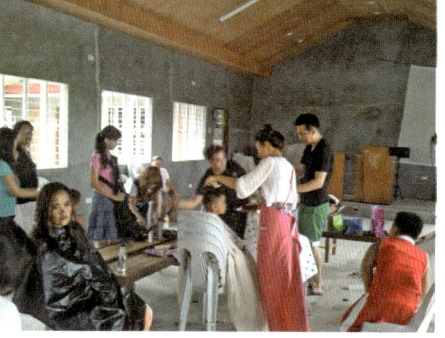
▲ 문미용실 말리왈루교회 봉사

섬김이 각별하고, 선교에도 관심이 깊어 필리핀 체류 기간 내내 믿음의 교제와 선교에 대한 많은 의견을 나누며 지냈다.

이들은 평신도의 선교에 대한 깊은 관심을 표하며, 여러 차례 필자가 사역하는 교회 방문과 예배에도 참석하고 기도와 물질의 후원도 아끼지 않았다. 특별히 부활절이나 성탄절 등의 절기마다 특별헌금과 선물을 보내주어, 현지 교회의 절기 행사를 풍성히 할 수 있도록 도와주었다.

이 법인장은 회사에 현지인 직원들을 대상으로 한 정기적 성경공부 모임, 현지 원주민 생필품 돕기 및 장학 지원에도 열심인 대표적 크리스천 경영자의 본을 보여주셨다. 또한 그 부인은 지역 한인들의 성경공부 소그룹을 인도하고 한인업체의 현지인 종업원들의 성경공부를 지원하며, 한인 목회자와 선교사를 돕는 등 어느 전문 선교사 못지않은 선교사역을 하고 있다.

- 지역의 한인 어머니 선교사

또 자녀 교육차 필리핀에 체류하고 있는 동안 말도 잘 알아들을 수 없는 말리왈루교회의 주일예배에 5년째 꾸준히 출석하고 있는 세 분의 한국 어머니들을 빼놓을 수 없다.

말리왈루교회는 매주일 예배 후에 그룹별 친교시간을 갖고 있는데(4부 1항 참조) 이 시간은 본 예배시간 못지않게 중요한 시간이다. 서로의 친교는 물론 그날 설교 말씀의 공유와 성경공부 및 중보기도의 시간을 갖기 때문이다.

한국의 많은 교회들은 이 시간에 통상 점심식사를 하지만, 여기서는 물에 녹인 분말주스에다 필리핀 빵 하나가 좋은 친교의 매개가 되고 있다. 매주 이 빵을 제공하는 이들은 "자녀들이 햄버거를 한 번 안 먹으면 빵값을 댈 수 있으니, 그 기쁨을 빼앗지 말아 달라"며 몇 년째 즐겁게 봉사한다.

나아가 매 절기나 교회 행사 때마다 "필리핀 사람들이 한국의 잡채, 김치 등 한식을 좋아하더라"고 하면서 별도로 준비해 준다. 또한 주일 예배뿐 아니라 여타 교회의 여러 행사에도 적극 참여하고 있어, 우리는 그들을 '어머니 선교사'라고 부른다.

2.
지역 선교사의 강의 및 사역 협조 요청의 지원

청년 수련회 강사 2014. 6

　필리핀의 한더위는 3월 하순부터 6월 중순까지며, 이 기간에 모든 학교는 학년말의 긴 방학에 들어가기 때문에, 대부분의 교회는 이때를 이용해 여름성경학교와 청소년 수련회 등을 갖는다. 다양한 프로그램을 준비하여 어린이들과 청년들의 영성을 깨워나가며, 이를 위해 감명을 줄 수 있는 강사 섭외에 신경을 많이 쓴다.
　한번은 아직도 많이 부족한 필자에게 2박 3일간 청년 수련회의 개회 예배 설교와 아침 예배(QT) 인도를 맡아주면 좋겠다고 요청해 왔다. 이에 목사도 아닐 뿐 아니라 예배 설교를 맡기에는 아직 자격과 준비가 부족하다는 이유로 극구 사양했다. 그러나 계속된

▲ 청년캠프 개회 예배 설교　　　　　　▲ 캠프 예배 설교에 집중하는 청년들

  협조 요청에다 우리 청년들도 10명 이상이 참석하고 있어 끝까지 마다할 수가 없었다.

  무슨 내용을 어떻게 준비할까 고심하다, 참석자들이 모두 청년들이라 대학에서 수없이 행한 학생 대상의 특강 생각이 떠올랐다. 저들에게 필자 자신의 간증을 중심으로, 하나님만을 의지해 꿈과 용기를 가지고 나아가면 내일은 하나님께서 책임져 주실 것이라는 학생 특강 형식의 당부로 개회 설교를 대신했다.

  정말 필자가 군에서 부하들을 대상으로 한 훈화, 그리고 군 전역 후 대학에서 학생들 대상의 특강 등 '맡은 일 하나하나가 모두 사역의 준비이고 훈련이었구나'라고 여겨지지 않을 수 없었다.

학교 채플 설교 및 한인교회 청년 예배 지도 2010. 6~2011. 2

  필리핀 도착 1년을 넘기게 될 즈음, 한국 선교사가 세워 운영 중인 한 초등학교로부터 이 학교 교목의 사임으로 채플 설교자가 없다면서 협조를 요청해 왔다.

어린이들을 복음으로 세우는 사역부터 선교를 시작한 필자는, 이 일이 바로 다음 세대에게 하나님 말씀을 전하는 것인 데다, 역시 선교사의 요청이기에 기꺼이 수락하였다.

1학기 동안 매월 한 차례씩 초등학교 학생 대상의 채플 설교를 도왔다. 비록 사역 1년밖에 안 된 시점이었지만 삐아스교회 주일학교 개설(2부 2항 참조)로 필리핀 어린이들에게 여러 번 행한 격려와 당부 말씀의 경험이 큰 도움이 되었다.

그 즈음, 새벽기도를 드리고 있었던 한인교회가 내분으로 담임목사와 전도사가 한꺼번에 교회를 비우게 되었다. 이 교회의 주일 예배는 임시목사가 맡게 되었으나, 30여 명이 조금 넘는 청년부의 주일 예배 설교와 지도를 맡을 자가 없어 필자에게 도움을 청해 왔다. 상황이 딱한 데다 청년 예배는 오후에 드릴 뿐 아니라 새벽기도로 은혜를 받고 있던 교회의 어려움이라 적극 도움을 주고 싶었다.

그리하여 현지 교회의 주일 예배를 마치자마자 급히 달려와 상황이 정리될 때까지 2개월여 동안 청년부 예배 설교와 신앙 지도를 도왔다. 이 도움은 후에 저들 세대의 현지인 청년들을 위한 복음화 사역 준비에 큰 참고가 되었으며, 또 이러한 인연으로 이 교회는 필자가 사역하던 두 곳의 현지인 교회를 자매 교회처럼 도와주고, 기도해 주는 후원 교회 역할을 맡아주었다.

목회자 리더십 수련회 특강 강사 2015. 7~2017. 4

평소 친분이 깊은 한 선교사가 현지 목회자 30여 명을 초청해 2박 3일간 '목회자 리더십'을 주제로 수련회를 개최하였다. 당시 필자가 어느 신학교의 목회자 리더십 강의를 맡고 있다는 소문을 들었다며 강의 순서 하나를 맡아달라고 요청해 왔다.

그 수련회는 필자 이외에도 한국의 유명 신학대학 교수, 미국의 어느 리더십 연구소 연구원과 호주의 목사 등이 강사로 온다고 한데다, 리더십 전공자도 아닌 필자가 쟁쟁한 리더십 전공자들 사이에 순서를 맡기가 매우 부담스러웠다. 그랬더니 요청한 선교사는 "장로님은 군 지휘관, 대학 책임자 등의 경력 자체가 저들보다 모자랄 것이 없을 뿐 아니라 현직 신학교 리더십 교수이기도 하지 않습니까?"라며 이미 프로그램에 다 실었으니 강의 원고만 언제까지 보내달라고 협박(?)해 왔다.

덕분에 다시 한 번 리더십 공부를 더 깊이 할 수밖에 없었으며,

▲ 현지 목회자 리더십 특강

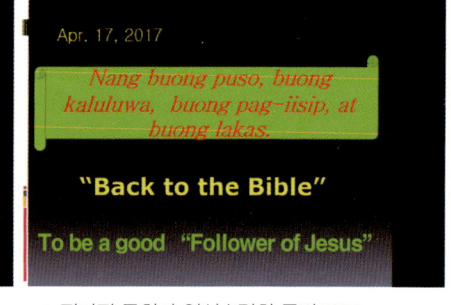
▲ 필리핀 목회자 영성수련회 특강 PPT

다른 리더십 전공자들과의 교류를 통해 이들로부터 좋은 강의 자료를 입수할 수 있는 기회가 되었다.

필리핀 공군의 한국 고등훈련기 T50 인수 요원 특강 2016. 5

이곳에서의 여러 현지인 대상 특강 중에서 가장 인상적인 것은 한국항공우주산업(KAI)의 고등훈련기 T50 인수를 위해 준비 교육을 받고 있던 필리핀의 현역 공군 장교들에 대한 것이었다.

그도 그럴 것이, 필자의 해군 현역 시절 당시 미 해군 함정을 인수하여 한국 해군의 전력으로 활용해 왔는데, 이때의 인수 요원은 각 보직별로 그 해당 직위의 최고 우수자들로 선발하는 것을 보았기 때문이다. 필리핀 공군도 그럴 것으로 여겨졌다. 이런 생각으로 지금까지의 여느 특강보다 준비에 많은 신경을 기울였으며, 특별히 알고 싶은 내용을 미리 받아 그에 대한 맞춤형 강의로 준비했다.

역시 필리핀 군 엘리트들이 모인 자리답게 강의 후 예리한 질문이 많았으며 특히 한국 공군의 부대 조직과 교육 훈련에 대해 관심이 높았다.

특이한 것은 한국군의 군내 상하 예절과 함께 군의 복지 및 직업 군인에 대한 대우 문제를 많이 물어보아, 직접 적대국과 대치 상태에 있지 않은 군인은 직업으로서의 만족이 우선임을 알 수 있었다.

▲ 한국 T50 인수 공군 조종사 특강   ▲ 공군 부대 특강 후 전투기 시승

이후, 이 강의 덕분에 필리핀 공군기지 견학과 전투기 시승의 기회를 가졌으며, 이들 부대에 몇 차례 방문도 할 수 있었다.

타 선교사 사역 협조

- **사역 '협조자'(facilitator) 역할 및 자신의 사역 예습** 2012. 8~2014. 10

일부 선교사들의 핵심 사역은 현지교회 리더(목회자와 평신도)의 영성 강화와 기독교 리더십 교육을 통해 유능한 리더를 양성하는 것으로, 저들이 교회 부흥과 복음 전파에 주도적 역할을 담당하도록 하는 데 있었다. 그런데 이 사역은 지역 선교사들의 협력이 있어야 리더들의 참여와 교육을 제대로 수행할 수 있다.

필자의 초기 사역 시기에 이 프로그램을 주관하는 한 선교사로부터 이 교육의 진행 협조자(facilitator) 역할을 요청받았다. 필자에게 현지 교회 리더들의 참가 섭외 및 독려와 프로그램 진행 등을 도와달라는 것이었다. 이 역시 선교사를 돕는 일이기에 기꺼이 협조를 아끼지 않았다.

필자의 초보 선교사 시절에 이런 사역 협조자 역할을 통해 평신도로서 스스로의 선교에 대한 현장 실습과 공부를 할 수 있었을 뿐 아니라, 목회 경험도 없는 평신도 선교사가 사역 초기에 맡겨진 말리왈루교회의 목회 사역에 바로 적용할 수 있는 사역의 연습 기회가 되기도 하였다.

또한 하나님께서는 평신도 시니어 선교사로서 '선교사를 돕는 선교'를 하러 왔던 필자에게, 타 선교사 사역의 협조를 통해 오히려 도움을 받게 되는 길을 따로 마련해 놓고 계셨음을 한참 후에야 알았다.

- 현지 교회 목회자의 목회 방법 개선 교육 협력 2014. 8~2018. 12

선교에 뜻있는 한국의 한 목회자가 수년 전부터 매 분기마다 필리핀으로 와, 현지 목회자 30~40여 명을 초청하여 2박 3일 합숙을 통해 현지 목회자의 목회 방법 개선을 위한 영성 교육과 실습을 하고 있었다.

이때 필자에게 현지 목회자의 모집과 진행을 도와주기를 원하였다. 아울러 진행 협조뿐만 아니라 교육 순서 중에 목회자 리더십 특강과 전도 요령의 실습 지도 교육까지 요청해 적극 도와주게 되었다. 거기에다 이 한국 목회자가 필리핀에 오지 않는 중간 두 달에는 매달 하루씩 자체 교육을 대신 진행하는 역할도 맡았다.

수년간 이 교육에 함께하면서, 필자 스스로 현지 교회 목회 방법 공부는 물론 영적인 성장과 깊은 은혜를 받았을 뿐 아니라 필리핀 목회자들의 현장 목회 철학과 관습, 가치관 등을 파악하는 좋은 기회가 되었다.

아울러 회를 거듭할수록 눈에 띄게 변하는 참석자들의 태도를 보면서, 현지 목회자의 리더십과 영성 성숙을 위하여 많은 경비와 시간을 쏟는 이 한국 목회자의 귀한 사역과 섬김을 본받을 수 있어 얼마나 감사했는지 모른다.

- 현지 교회 목회자 성경 교육 협력과 통역 봉사 2017. 10~2018. 10

한국의 또 다른 교회에서 매 분기마다 현지인 목회자 150여 명을 초청해 창세기로부터 요한계시록까지 성경 본문의 의미 하나하나와 사역에의 적용 예를 중심으로 2박 3일간의 현지 목회자 교육의 통역을 요청해 왔다.

아무리 좋은 교재와 내용일지라도 한국어로 된 강의라, 현지어나 영어로 정확한 내용의 전달과 필요한 부분의 보충 설명이 부족하면 그 효과는 반감될 수밖에 없다.

교학상장(敎學相長; 가르치는 것이 배우는 것)이라고 했던가? 이 통역 사역에 함께 협력해 나가면서 성경 전체의 단락별 해독과 현장 적용에 대한 많은 배움을 얻게 되었다.

호렙(Horeb)신학교 목회자 리더십 교수 2014. 6~2018. 12

어느 날 신학교를 설립하여 이 학교의 운영 책임을 맡고 있는 한 선교사가 필리핀 신학생들의 절도와 규칙 준수 자세가 매우 부족하다며, 이를 위한 한국의 군인 정신 주입을 위한 군대식(?) 특별 훈화를 주문해왔다.

필자는 리더십 전공자도 아닐 뿐 아니라 신학을 정식 공부하지 않아, 신학생들에게 강의는 부담스럽다는 이유를 내세워 사양을 했다. 그러나 그분은 필자가 사관학교 출신으로 사관생도 교육에 평생을 다 바친 직업군인의 경력이면 충분하다며 뜻을 굽히지 않았다. 결국 앞의 몇 차례 현지인 목회자들을 대상으로 한 특강 경험을 재연하면 될 것 같아 부득이 수락하였다.

특강이 끝나자 바로 "한 학기의 목회자 리더십 정규과목을 맡아주면 좋겠다"라고 부탁해 왔다. 이는 수강한 학생들의 건의라며 필자의 피할 길을 아예 봉쇄해 버렸다. 도저히 사양할 수 없는 분위기가 이어져, 관련 서적을 구입하고 인터넷 및 각종 자료 등을 통해 리더십의 이론과 실제를 새로 공부해 가면서 강의 준비에 임했다.

수강생이 모두 장차 필리핀 교계를 이끌어갈 예비 목회자들이므로 신학교의 정규과목으로 학점을 부여해야 했다. 따라서 필자 자신의 경험을 바탕으로 일반적인 사례나 리더십 이론 소개 등의 1회성 특강 형식으로만 시간을 채울 수는 없는 노릇이었다.

이때 하나님께서 도우셨다. 30여 년 전 해군사관학교에서 전공 강의 경험과 대학에서 제자들을 대상으로 한 훈화와 인성 교육 특강 기억을 떠올리게 하셨다. 강의, 리포트, 과제 발표 및 실습과

▲ 필리핀목회자 세미나 후 기념촬영

▲ 호렙신학교 리더십 강의

▲ 호렙신학교 졸업식 축사

그룹 스터디 등을 적절히 배합하여, 재미있고 유익한 강좌가 될 수 있도록 했다. 목회자가 사역 현장에서 직접 적용할 수 있는 리더십을 중심으로 성경상의 유명한 리더들을 새로 공부하여 진행해 나갔다.

그중에서도 현장 목회의 가장 뛰어난 리더는 예수님이기에, 예수님의 리더십을 중심으로 강의 준비를 하면서 평신도로서 목회 사역을 해 나가고 있는 자신의 현 상황을 재점검할 수 있었다. 또한 앞으로 교회 사역을 어떻게 해야 하는가를 잘 배울 수 있어, 사실상 이 강의는 필자 자신을 위한 귀한 시간이 되었다.

이런 이유 때문이었는지 4년째 강의를 계속해오고 있어도 부족한 마음이 가득한데, 이 신학교 책임자는 필자가 한국에 돌아가더라도 교수직을 계속 유지하여, 단기 방문 시 집중 강의 방식의 모듈수업을 해달라고 요구하고 있다.

3.
한인학교장 등 지역 봉사

한인학교장 2015. 4~2018. 2

• 한인학교 교장 직 수락

선교지 생활 전반기 6년여 동안은 지역 선교사와 한인교회 목사들 그리고 관계있는 약간의 평신도 이외에는 그다지 친분을 쌓으며 지낼 기회가 없었다.

그런데 한번은 평소 만난 적이 없었던 이 지역 한인회장이, "한인학교의 상황이 매우 어려우니, 교민 사회를 위해 이 지역 한인학교의 교장 직을 맡아 달라"고 요청해 왔다.

당시 두 곳의 현지인 교회 사역과 신학교 리더십 교수 그리고 선교사 타갈로그어 스터디 그룹 지도에도 시간이 부족하여 극구 사양하였다. 그러나 선교지에서 현지인 대상 봉사도 중요하지만, 교민 자녀들에 대한 한국의 얼과 한국 문화 그리고 한국의 정신 주입 교육은 선교 못지않게 중요하지 않겠느냐며 협조를 구해왔다.

앙겔레스 한인학교는 20여 년 전 지역 선교사들이 자신들의 자녀(MK)들에게 한국어 교육을 시킬 목적으로 설립하여 운영해 오다, 점차 교민수의 증가로 비기독교 학생의 입학 비중이 높아짐에 따라, 일반 학교로의 전환과 함께 학교 정체성의 변화를 요구받고 있었다.

거기에다 재학생의 수가 70~80여 명에 불과하여, 학교 운영에 필요한 예산이 절대 부족한 상황이었다. 이에 필자는 지난날 신설 대학 운영의 경험을 살려 학교 운영의 정상화를 통한 교민의 고충 해소를 돕고, 나아가 기독교 정신의 창학 정신 복원과 유지로 한인 디아스포라 2세의 복음화도 현지인 복음화 못지않은 차세대를 위한 귀중한 사역으로 인식하고 교장 직을 수락하였다.

• 한인학교의 정상화와 학교 운영의 개선

필자는 교장 직을 맡자 바로 지역사회에서 학교의 위치와 역할, 그리고 학교 재정 현황 및 문제점 파악과 그 해결 방안을 모색해 나갔다.

학교 재정 수입은 재학생 수에 직접 비례하므로, 재학생 수 증가를 위한 첫 방법인 학생 모집을 학교 운영의 최우선 목표로 설정했다. 이를 위해 먼저 '가고 싶은 학교', '보내고 싶은 학교' 만들

▲ 한인학교 교장 취임

▲ 한인학교 교사연수회

▲ 한인학교 운동회 전체 교사 기념촬영

▲ 한인학교 운동회 인사

기에 총력을 경주하고, 모든 구성원이 전력을 다해 협조해 줄 것을 촉구했다.

 필자 스스로 입학 자원이 가장 많은 지역 한인교회를 차례로 방문하여 협조를 구해 나갔다. 주일 예배 광고시간을 할애받아, '왜 한인학교에 자녀를 보내야만 하는가?', '한인학교에 입학하면 어떤 유익이 있는가?' 등의 설명과 학교에서 제공하는 교육 프로그램에 대한 자세한 안내를 통하여, 자녀들의 입학 협조를 구했다. 또한 한인들의 출입이 잦은 지역의 한인식당과 한인마트에 입학

광고지 게시, 지역 언론사 및 카카오톡을 통한 학교 이미지 광고 등 학생 모집 홍보에 모든 힘을 쏟았다.

아울러 각 교사들에게도 책임 지역과 학생 모집 책임량을 할당하는 등 노력을 기울인 결과, 부임 첫해에 재정의 손익분기점인 재학생 수 120명을 넘어, 외부의 도움 없이도 학교 운영비의 확보가 가능해졌다. 이듬해는 150명 선을 넘기자 각 교실의 에어컨 교체, TV 모니터 설치와 교사용 교탁과 사물함 비치 등 학교의 교육환경을 대폭 개선할 수 있었으며 교직원 처우 개선도 가능하게 되었다.

• 선교사로서의 한인학교 교장 직무 수행

학교의 정체성은 그 학교의 교사 구성과 교육과정으로 나타난다. 따라서 필자는 먼저 18명의 교사를 모두 선교사와 목사 그리고 그 사모들로 선발하고, 일부 보조 교사들과 약간의 부족 교사만 평신도 중에서 교장이 직접 심층 면접으로 엄선하였다.

또한 학교 직제의 교목은 지역 선교사협의회의 추천을 받아 어린이 성경 지도와 학교장의 교육 철학을 구현할 수 있는 유능한 목회자로 선임하였다. 아울러 일과의 시작은 물론 학내 모든 행사와 학사 진행을 기도로 시작하고, 매월 첫 수업을 채플로 하면서, 아직 한국어가 서툰 다문화반 학생과 3~4세 유치부 어린이까지 채플을 통해 예배의 체험과 하나님 말씀을 접할 기회를 맛볼 수 있도록 하였다.

기독교 학생이 전체의 20%가 안 되므로 정규 교과에 성경공부 시간을 두지 말자는 주장이 강하여, 다문화반을 제외한 전교생에게 "인성 교육"이라는 과목으로 성경공부를 실시하게 하였다.

또 다른 선교 사역이었던 한인학교 교장 직 2년을 마치고 나니, 학교의 체제 정비와 재정 안정을 이룩한 교장이 계속하여 교장 직을 수행해야 한다는 지역의 요구가 높았다. 한인회와 교민들로부터 교장 직 연임의 강력한 요구가 있었으나, 두 번째 임기는 한국 귀환을 이유로 1년만 수행하고, 2018년 2월말에 사임하였다.

한인학교 교장 직 수행을 통해, 평신도 시니어가 현지인에 대한 선교 사역 이외에도 지역의 필요를 채워주고, 지역 현안 해결에 협조함으로써 지역에 기독교와 선교사에 대한 인식을 새롭게 할 수 있는 좋은 기회가 되기도 했다.

또한 시니어 평신도 선교사의 사역 대상에는 제한이 없을 뿐 아니라, 그 사역의 범위가 얼마든지 넓어질 수 있음을 확인하는 계기도 되었다.

한인회와 지역 한인 주거단지 봉사

- **한인회 이사와 한인학교 이사** 2015.6~2018. 12

한인학교는 한인회의 도움이 절대적으로 필요하므로 한인회의 모든 업무에 적극 협조함으로써 시설 활용과 정비, 통학버스 협조 등을 쉽게 받을 수 있도록 하였다. 또한 입학식, 학예회, 바자회, 백일장, 골든벨 대회, 운동회와 종업식 등 연중 제반 학사 일정 진행에 한인회와 교민들의 적극적인 협조를 얻을 수 있도록 하였다.

이를 위해 한인회 이사로 참여하여 학교의 각종 학사 일정 홍보와 지역사회의 만족도를 높여 나갔다. 교장 직 사임 이후에도 한국 귀국 직전까지 한인학교 운영 이사로 봉사하면서 학교의 예결산을 비롯한 학교 운영에 관한 제반 문제의 보완과 개선에 적극 자문하여 더욱 질 높은 교육 서비스의 제공이 가능하도록 협조해 나갔다.

- **교민/선교사 주거단지(CHARA) 운영 이사** 2014. 1~2018. 12

이곳 필리핀에서 살고 있는 지역 교민들이 가장 긴 시간을 보내는 곳은 말 그대로 사는 집이다. 따라서 생활의 쾌적성과 안전성 및 경제성 등이 충족되는 거주지를 선택하게 되고 자연히 선교사들도 이 요건이 보장되는 주거단지(sub-division) 내에 거주를 선호하고 있다.

필자가 10년 동안 거주한 주택은 총 500여 세대 규모의 주거단지로, 그중에 한국인이 약 200세대인 비교적 큰 단지였다. 이 단지는 12명의 자체 운영이사를 두어 주거 생활의 안전, 주민 민원 해소와 분쟁 중재 등의 제반 문제를 담당하고 있다. 상당수의 선교사들도 이곳에 거주하고 있어 이들 중에서 누군가가 이사직을 수행하는 것이 자연스러울 것인데도 아무도 이 일을 맡지 않으려해, 결국 필자가 4년간 이사직을 수행하였다.

그 사이 다양한 이웃 간의 분쟁, 보안 문제, 출입 통제와 안전 문제에 선교사도 연루되는 예가 많아, 한인 거주민들과 선교사들의 권익이 침해되지 않도록 중재와 분쟁 해결에 여러 도움을 줄 수 있었다. 그 결과 한인사회로부터 선교사의 역할에 대한 인식 개선에 작은 기여를 할 수 있었다.

시니어 선교사는 다양한 삶의 경험과 경륜으로 지역이 요구하는 필요를 채울 수 있는 역할과 지역의 어른 위치에서 젊은 목회자 선교사들이 꺼리는 대민 업무에도 적극 동참하는 의미 있는 봉사를 할 수 있음을 다시 한 번 확인하였다.

▲ 주거단지(CHARA) 이사회

4.
선교사의 현지어(타갈로그어) 공부와 스터디 그룹

선교사와 선교지 언어 공부

　선교사가 선교 현지의 언어 구사 능력 없이 선교에 임하는 것은 병사가 총 없이 전쟁에 나가는 것과 다를 바 없다. 불행하게도 그렇게 전투를 하고 있는 선교사가 아직 적지 않음을 볼 때에 안타깝기 그지없었다(2부 1항 '현지어 공부' 참조).
　필자도 처음에는 '필리핀이 영어권 나라이니 능통하지는 못해도 지금까지 배운 영어로 사역을 해 나가면 되겠지' 하고 겁 없이 필리핀으로 왔다.
　초기 한국어 강의만 할 때는 아쉬운 자가 배우는 위치에 있는지라 다소 부족한 영어라도 그리 큰 문제가 되지는 않았다. 또 초기 사역지였던 농촌(뻬아스교회)에서나 화산 이재민 이주촌(ROS교회)에서는 어느 정도 영어가 통하였기에 그런 대로 사역을 진행할 수 있었다.

그러나 본격적인 사역지가 된 빈민촌(말리왈루 부락)에서는 그 상황이 완전히 달랐다. 그들의 영어 이해도가 10%에도 미치지 못해, 필리핀 현지어가 아니고서는 사역 자체가 불가했다(2부 1항 참조).

곧바로 현지어인 타갈로그어 공부를 시작했다. 그러나 혼자만의 독학은 한계가 있어 마침 선교사 중에 선교사들을 상대로 타갈로그어 강의를 사역으로 하는 분을 소개받았다. 즉시 수강 등록을 하고 나름대로 열심을 다했다. 본인의 노력과 투입한 시간에 비해 큰 진척은 별로 없었다. 일단 타갈로그어의 복잡한 문법도 그렇고, 외국어 습득은 어휘 암기부터 출발해야 한다는데 당시 60 중반을 넘긴 나이에 새로운 단어 암기는 생각보다 정말 어려웠다.

타갈로그어 공부와 스터디 그룹 결성 2014. 10~

필자가 십수 년 전 처음 골프를 배울 때에 운동신경이 좋지 않은 탓이었는지 도무지 실력이 늘지 않아, 어느 날 큰마음을 먹고 연습장에 들렀다. "이제부터는 다른 어떤 일보다 골프 연습을 최우선으로 해야지" 하고 나름의 다짐을 했다. 그 소리를 듣던 옆의 한 선배가 "야, 너 그렇게 백 날 해봐라, 되는지…"라며 핀잔을 주었다. 이어 "다른 건 다 포기하고 골프만 해도 될지 말지 하는 게 골프야"라며 뒤통수에 대고 일침을 가했다.

 이 타갈로그어 공부를 시작하자 그때 그 말이 떠올랐다. '그렇지, 모든 것을 포기하고 타갈로그어 공부부터 해야지. 선교를 제대로 하려면…' 하고, 틈나는 대로 파고들었다. 그러나 하면 할수록 정말이지 쉽지 않았다.

 그러자 어느 날 이런 마음이 떠올랐다.

 '이곳으로 오는 선교사들은 모두 이 과정을 거쳐야 할 것인데, 이렇게 힘이 들고 또 많은 시간을 언어 정복에 투자해서야 되겠는가? 내가 먼저 이해하기 힘든 부분을 중심으로 더 열심히 공부해서 다음에 이곳에 오는 선교사들은 이런 고생을 안 하고도 쉽게 현지어를 정복할 수 있도록 도와주어야겠다.'

 그러나 이를 혼자서 다 준비하기는 무리이기 때문에 뜻있는 주위의 선교사들을 모아 스터디 그룹을 만들기로 했다. 먼저 중요한 문법의 한 부분씩 책임량을 할당하여 순번에 따라 자신이 공부한 것을 발표하고 질문에 답하여 그 지식을 공유하는 방식을 택하였다. 그중에는 한 주간 동안 자신의 담당을 열심히 준비해 오는

▲ 타갈로그어 스터디 그룹 모습

▲ 타갈로그어 스터디 교재들

이가 있는가 하면, 도무지 준비가 어렵거나 바빠서 등등 여러 이유들로 그냥 오는 사람도 있었다.

타갈로그어 스터디 그룹의 발전 2015. 10~2018. 12

선교사가 타갈로그어를 공부하는 이유는 타갈로그어의 문법학자나 언어학자가 되기 위해서가 아니라 사역 현장에서 필요한 설교, 성경공부, 상담 등 신앙 지도를 현지어로 잘하기 위함이다.

그러던 중 어느 날 타갈로그에 능통한 선교사 한 분이 "타갈로그어 요한복음을 100독하면, 타갈로그어로 설교는 물론 타갈로그어로 꿈도 꿀 수 있다더라"는 말을 들려주었다. 그래서 우리 스터디 그룹은 우선 요한복음 10독을 목표로 설정하고 열심을 다하기로 했다.

그리하여 이 타갈로그어 요한복음 이외에 타갈로그어 기초 생활 회화, 어린이 설교문, 신학교육연장 TEE(Theological Education Extension), 조직신학의 타갈로그어 본문들을 교재로 정하여 매주 월요일 오전 9시부터 오후 4시까지 열심을 다하고 있다.

교재 선정과 참여자의 이해 수준을 감안한 담당자 배정을 필자가 맡아 진행하였다. 때로는 할당받은 부분의 담당자가 잘 설명할 수 없어서 도움을 청하는 경우나 급작스레 결석하는 경우도 있어, 그날 있을 예상 질문에 대한 설명과 그날 예정된 부분의 전부를 필자가 준비해 가야 했다. 결석자나 준비 부족자가 있으면 진도가 계속 미루어져야 하기에···.

그렇게 진행을 하다 보니 자연히 필자가 준비를 누구보다 많이 해야 하고, 더 많은 노력을 쏟지 않을 수 없었다. 그 결과 다른 참여 선교사들보다 타갈로그어 이해 수준이 훨씬 빨라지는 효과를 얻게 되었다.

지금까지 3년 내내 16명의 참여자들은 한국 방문이나 선교팀 내방 등의 부득이한 경우를 제외하고는 빠지지 않으려고 애를 써서 참여하고 있다. 이는 자리만 지켜도 실력이 늘더라는 참가자 자신들의 경험으로부터 나온 스터디 그룹에 대한 평가다.

이 스터디 그룹 멤버들은 곧 타갈로그어로 대화는 물론 설교도 가능할 것이 기대된다. 뿐만 아니라 선교사 사회에 스터디 그룹의 노력이 널리 알려지면서, 관심과 동참을 원하는 선교사가 많아지고 있으며, 선교사들의 타갈로그어 공부에 큰 자극이 되어가고 있다.

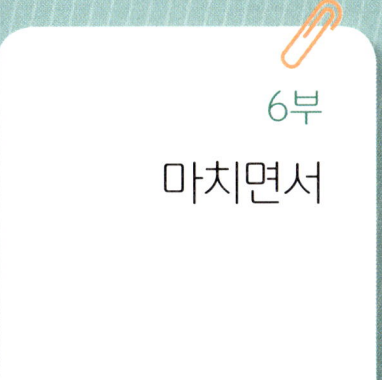

6부

마치면서

1.
Q & A

평신도 시니어가 선교를?

선교는 목회자나 선교 전문 교육을 이수한 사람들만 해야 하는 것은 아니다.

어느 분은 선교를 이렇게 정의했다.

"Every soul with Christ(예수님을 영접한 모든 사람은) is a missionary(선교사이고), Every soul without Christ(예수님을 영접하지 않은 모든 사람은) is a mission field(선교 대상자이다)."

그렇다. 크리스천은 모두 선교사다. 우리 모두는 선교를 해야 한다. 아직 예수님을 영접하지 않은 세상 모든 사람들에게. 가족과 이웃, 외국인 노동자들과 농어촌, 병원, 교도소, 요양원에 있는 사람들과 청년, 노동자, 장애인 등 복음을 전해야 할 선교 대상에는 제한이 없다. 이제는 '모든 사람'이 '모든 사람'에게 전도(선교)를 해야 하는 시대이다.

이러한 때에 이 많은 선교 대상을 감당하기 위해 평신도 시니어 선교사만 한 사람이 있을까? 시간적, 경제적, 신앙적으로 크리스천 은퇴자들만 한 적임자는 없다. 전문 기관으로부터의 약간의 교육과 훈련 그리고 도움을 받으면 누구나 가능한 일이기 때문이다(1부 1항과 6부 2항 참조).

힘든 일들이 많았을 텐데 어떻게 극복해 왔는지?

필자는 "세상에 공짜는 없다"는 말을 자주 인용한다. 지혜의 말씀인 잠언서의 마지막 장 31장의 마지막 절 31절은 우리에게 이렇게 교훈해주고 있다.

> "그 손의 열매가 그에게로 돌아갈 것이요 그 행한 일로 말미암아 성문에서 칭찬을 받으리라"

하나님은 우리의 삶을 열매로 칭찬할 것이라고 말씀하셨다. 그 열매는 손의 수고를 감내해야 맺어진다. 지극히 당연한 진리를 우리에게 가르쳐 주신 것이다. 힘을 들이지 않고 좋은 열매를 맺을 수 있을까? 선교지에서도 공짜가 없었다. 그 일을 왜 하는지, 어떻게 할 것인지에 대한 자신의 분명한 답을 가지고 있어야 한다.

비록 현지인들을 제대로 이해하지 않고 시작했다가 낭패를 당한 경우가 한두 번이 아니었다. 그러나 교회 사역 구상, 교회 신축 부지 구입 및 건축 시작과 관련한 중요한 의사 결정 등을 내릴 때는 오랜 기도를 한 후에 교회 리더들과의 충분한 토론을 거쳤고, 그렇게 답을 얻을 수가 있었다. 다만 최종 결정은 선교사의 몫이며 실행에 옮길 때도 선교사가 앞장서서 리드하지 않으면 안 되는 경우가 대부분이었다.

이럴 경우 하나님께 기도하며 하나님께 맡기는 것이 정답이라는 진리를 수시로 절감했고, 그분께 매달리면 내 짐을 대신 져 주셨다(6부 5항 '하나님과의 관계' 참조).

스스로의 영성 관리는 어떻게 했는가?

선교지에 도착하니 들리지도 않은 현지어 예배에 이른 아침부터 밤늦게까지 참석해도 뭔가 허전하고, 기뻐해야 하는 것이 당연한데 왜 이렇게 가슴이 텅 빈 것 같은지….

이런 마음이 우리에게만 있었을까? 얼마 지나지 않아 몇몇 선교사 부부와 주일 사역지에서의 예배를 마치고, 차례로 돌아가며 한 집에 모였다. 우리말로 예배를 드릴 수 있는 시간을 갖게 되어 너무 좋았다. 예배 후 간단한 다과와 친교 및 사역지 정보를 공유하기도 하였다.

그러나 몇 개월을 넘기지 못하고 이마저도 중단되고 말았다. 그래서 하나님께 간절히 기도하고 또 '우리말로 사도신경이나 주기도문으로 기도했으면' 하는 마음을 달래고 싶어 찾은 곳이 집 근처의 한인교회였다. 그곳은 매일 새벽기도 시간이 있어 필리핀에 있는 내내 출석했다. 새벽마다 하나님을 만났으며 스스로의 영성을 유지했다.

그러다 CGNTV의 선교사 안테나 달아주기 캠페인으로 영적 갈증 해소에 큰 도움을 받았다. 많은 하나님 말씀과 선교사를 위한 프로그램을 모두 한국어로 들을 수 있어 얼마나 감사했는지 모른다. 그 때문에 한국 귀국 후 맨 먼저 찾은 곳이 CGNTV 방송사였다. 감사 인사와 적은 방송 후원을 위해….

운동과 건강관리는 어떻게 했는가?

아무리 뜨거운 마음으로 많은 준비를 해서 왔더라도 건강이 따르지 않아 사역을 축소하거나 중단할 수밖에 없는 경우를 가끔 목격하게 된다. 풍토가 다른 이국에다 의료 혜택도 변변치 않은 상황이라 건강은 반드시 잘 지켜나가야 했다.

초기 2년간은 건강 유지를 핑계로 한국보다 월등히 여건이 좋은 골프장을 찾았다. 그러나 만 2년이 지나니 하나님께서 시간도 많이 소요되고 경비 부담이 있는 골프를 그만두도록 하셨다. 교회 개척을 앞두고 전립선암이라는 큰 충격을 통해 중단케 하시더니, 바로 말리왈루교회 건축과 교회 사역이 이어졌다. 시간이 없었을 뿐 아니라 거짓말처럼 골프는 생각도 안 나게 만들어 주셨다. 이 또한 얼마나 감사한지 모른다.

대신 매일 저녁 1시간 남짓 동안 아내와 함께 집이 위치한 주택단지 외곽을 한 바퀴 돌면서 많은 얘기를 나누기도 했다. 때론 이웃 선교사와 같이 걷기도 하였다. 그야말로 힐링을 곁들인 좋은 운동 시간이었다. 또 아침 일찍 일어나 걸어서 20분 거리의 한인교회 새벽기도에 출석하는 것도 좋은 운동이 되었다.

아울러 매주일 아침 주일학교에서 그리고 토요일 오후에 갖는 급식 사역지에서 어린이들과 함께하는 찬양과 율동은 마음까지도 젊게 해주었다.

한때는 한인학교 학생들과 같이 동심으로 찬양하면, 70대의 나이를 잊게 했다. 뿐만 아니라, 매주 금요일과 주일 저녁 청소년들과의 뜨거운 찬양과 기도 시간에 그들과 함께하는 시간은 몸과 마음의 건강을 지켜주는 정말 귀한 시간이었다.

그러나 그보다 더 큰 건강관리는 항상 새로운 도전과 사역에 대한 기대 탓이 아니었을까 싶다. 10년 내내 시간이 부족했다. 할 일이 그만큼 많았다. 현지어 공부로부터 성경공부를 위한 현지어 성경과 자료 준비, 서툰 현지어 찬양과 율동 배우기 등등으로.

현지 교회 우리 성도들은 아직 필자의 나이를 모른다. 여러 차례 질문에도 답하지 않고 그저 추측해 보라고만 했다. 통상 10살 이상 젊게 보았다. 그도 그럴 것이 여러 번 마을의 성도나 이웃의 장례 예배에 함께하면서 필자보다 나이 많은 고인을 본 적이 없다. 물론 우리 교회에서도 필자가 가장 연장자다. 사역지는 시니어 선교사를 10년은 더 젊게 해주는 곳이다.

선교비 후원은 어떻게 받았는가?

이미 앞(4부 3항 참조)에서 언급한 바와 같이 처음부터 자비량 선교를 작정했기에 파송 교회에도 후원 요청을 하지 않았다. 그러나 까마귀를 통해 엘리야의 필요를 공급하신 하나님께서 선교사의 필요보다 더 넉넉히 챙겨주시는 경험을 수없이 할 수 있었다. 모든 필요는 선교지로 보내신 하나님께서 다 채워주신다.

파송 교회를 통해 요구하지 않은 후원금을 정액으로 매월 보내주었을 뿐 아니라, 전혀 생각하지 못한 분들이나 교회들을 통해 넉넉히 채우셨다. 후에는 가족과 친지들이 요청하지 않은 후원금을 스스로 원해 보내주기도 했다(6부 3항 참조).

가족은 사역에 어떻게 협력하였는가?

선교지 10년을 은혜롭게 보낼 수 있었던 큰 이유 중의 하나는 평생을 함께 살아온 아내의 도움 때문이었다. 앞에서 소개한 바와 같이 필자는 아내와의 결혼으로 하나님을 만나게 됐다. 결혼 생활 40년이 넘는 동안 자라온 과정이 같지 않아서 갈등이 다툼으로 번지기도 했다. 하지만 선교의 길을 향한 선택에는 완전히 합치됐다. 또한 선교지 생활에서 생각이 같지 않을 때도 적지 않았지만, 사역에 관해서는 필자의 의견에 언제나 든든한 지원군이 돼주었다. 이 또한 하나님의 크신 은혜로 감사하고 있다.

아내는 언어와 무더운 날씨에 적응하는 것이 만만하지는 않았음에도 잘 협력해줬다. 사역 초기에 빈민 지역 사역을 하고 있는 선교사의 의료 봉사 도움 요청에 기꺼이 응했을 뿐 아니라, 많은 선교사들이 아내의 전공인 발레 지도를 요청했을 때마다 언제나 기쁘게 도와줬다. 현지 교회 한 곳의 선교사 요청으로 발레부를 창단하여 3년 넘게 가르쳤다. 이제 그들 자체로 안무와 순회공연까지 할 수준에 올라 얼마나 감사해 하는지 모른다.

또 한인학교 발레 교사로 교과 수업 지도는 물론, 여러 학부모들의 요청으로 방과 후 특별 과정 발레 지도를 통해 높은 호응을 얻었다.

특히 영어가 서툴렀지만, 한국 남편을 둔 필리핀 아내들(다문화가족)에게 한국어를 가르치는 교사를 맡아, 이들이 한국어를 보다 재미있게 배울 수 있도록 김치 담그기, 김밥 만들기, 잡채 요리, 비빔밥과 동지 팥죽 등 한식 요리 실습을 통해 한국어 공부는 물론 한국 아내와 며느리 또한 엄마로서의 자긍심을 더 높여주기도 했다.

이와 별개로 선교사 사모나 여자 선교사들에게는 스트레칭을

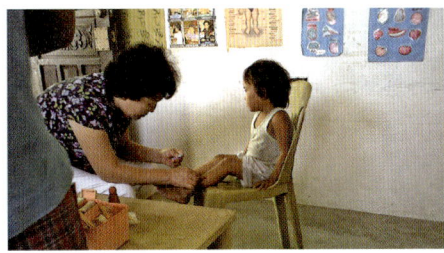
▲ 가족의 빈민촌 치료 사역 지원

▲ 트루라이트 학교 발레 지도

▲ 한인학교 발레 지도

▲ 한인교회 여전도회 고전무용 지도

▲ 유치원 발레 지도 학생 발표회 지도

▲ 한인학교 다문화 어머니 학생 발표회 지도

▲ 한인학교 다문화 가족 한국어 지도

▲ 한인학교 다문화 가족 한식 요리 지도

가르치고, 한인교회 여자 성도들에게는 고전무용을 지도했다. 열대 지역에서 소홀하기 쉬운 여성 건강에 큰 도움을 주며 한 사람의 선교사 역할을 잘 해내었다.

아내의 이러한 지원 덕분에 평신도 시니어 선교사를 향한 지역민들의 인식이 새롭게 바뀌었으며, 한인교회 전도에도 작은 기여를 할 수 있었다.

교회의 파송 문제는?

대부분의 시니어 선교 지망자는 출석 교회와의 깊은 관계 그리고 교회 내의 섬기던 직분이나 부서가 있기 마련이다. 이런 상황에서 선교를 떠난다면, 많은 교인들의 관심 표명과 선교 지원 및 기도 후원을 해주기 원할 것이며, 어떻게 후원하면 되는지 등을 물을 것이다.

따라서 교회의 파송 선교사로 떠나는 것이 바람직하다. 그러나 교회의 사정과 선교 정책에 따라 파송 형태가 달라질 수 있으며, '교회 파송 선교사'로 결정되면, 교회에서는 선교비 지원의 부담을 가질 수도 있으므로, 교회에 파송 요청은 담임 목사와의 사전 협의 등 신중한 접근이 필요하다.

그러나 영적 전쟁터이기도 한 사역지에서는 기도 후원이 절대적으로 필요하므로, 공식 파송이 아닐지라도 교회와 담임 목사로부터 선교사로 사역에 대한 공인과 함께 공식/비공식의 기도 후원의 통로를 개설해 두는 것은 반드시 필요하다.

아울러 교회의 파송 선교사가 되면, 파송 교회는 선교사의 현지 사역이 장기적으로 진행될 수 있도록 지속적인 관계 유지와 그 지원이 이어져야 할 것이다.

향후 기대되는 사역 분야는?

• 한국어 강의

주지하다시피 '한류'는 선교사와 현지인들 사이를 잇는 훌륭한 징검다리 역할을 해준다. 이를 전면에 내세우는 선교사들도 많지만 아직 그 수가 부족한 편이다.

필자가 직접 경험한 바, '한국어 강의'는 앞으로도 계속 선교 수단으로서 충분히 만남과 접촉의 장을 만드는 좋은 역할을 해줄 것으로 여겨진다.

또 많은 국가에서 한국어 수강 열기가 높은 데다, 일부 대학 등 정규 학교에 한국어 학과를 개설하고 있어, 한국어 교사 자격을 취득해 이들 학교의 정식 교수(교사)가 되면 체류 비자 획득 문제의 해소는 물론 제자들인 학생들에게 복음 전도를 용이하게 할 수도 있다.

이런 한국어 교사 자격은 여러 대학에 개설되어 있는 과정을 이수하면 된다(1부 3항 참조).

만약 대학의 교수를 목표로 한다면 어문 계열이나 교육 계열 석

사학위 이상의 학위가 요구되므로 미리 준비해둘 필요가 있다.

또 한국 정부가 공인하는 한국어 강의 교재는 외무부 산하 한국국제교류재단, 재외동포재단, 한국어세계화재단 등을 통해 획득할 수 있다.

- **한국 문화**(한식/태권도 등) **지도 및 학교 강의**(교육 선교)

한국에 관심이 없던 현지 사람도 불고기, 김치 등 '한식'에는 많은 호기심을 갖는 데다, 한식 요리에 대한 현지인들의 관심이 매우 높음을 참고하여, 한식 요리 강의를 매개로 한 선교의 가능성도 높음을 확인했다. 아울러 한국 '태권도'는 남자뿐만 아니라 여자들까지도 도전하고 싶어 하며, 태권도 이외에도 축구나 야구 등 스포츠 지도를 통한 복음 전도도 그 가치가 충분히 있다.

뿐만 아니라 저개발국가나 다수의 창의적 접근 국가들은 영어 공부에 대한 욕구가 매우 높아, 어린이나 청소년들에 대한 영어지도를 통한 우회 선교도 도전해 볼 만하다. 이 경우 영어교수법이 큰 문제이나, 이미 성공적인 적용 사례가 발표되어 있는 'ETI(English Teaching Institute) 영어 교습법'은 교재와 자세한 교수방법까지 제공되고 있어 참고할 수 있을 것이다.

나아가 앞으로 수학, 과학 등은 물론 미술(그리기/공예품 만들기), 음악(악기 연주 지도) 등의 예능 분야 강의를 통한 교육 선교도 전망이 밝으며, 이러한 교육 선교의 경우 학교를 직접 설립하지 않고도 학원 선교가 가능한 장점이 있다.

또한 한국인이 설립하여 운영 중인 현지 학교의 특정 과목 교수(교사)로 이 과목의 강의 담당 이외에도, 한국어, 영어, 중국어 등 어학이나 리더십 등 일반학 강의 또는 많은 신학교의 강의 수요도 많은 편이다. 특별한 경우 국제 학교의 교사도 많지는 않으나 그 수요가 있으므로, 교직 경력 시니어는 노크해 볼 만하다.

• 전문 직업 기술 지도

침술 등 의술 관련 분야, 건축(목수/미장), 이·미용, 재봉, (한·양식)요리, 용접, 전기와 같은 직업 기술 지도를 통한 선교 사역 역시 직업을 갖도록 가르치고 도와줄 수 있는 장점이 있다. 게다가 이들 기술을 배우려는 현지인들에게 쉽게 복음을 전할 수도 있다.

선교는 '관계 맺음'이다(6부 5항 참조). 전문 직업 기술 지도를 통하여 제자를 양육하는 것은 사제 관계의 선교 동역자로 세우는 과정이 될 뿐만 아니라, 생업의 기초를 마련해 줌으로써 그들 삶 속에 믿음이 녹아들게 할 수 있는 효과적인 선교 방법이다.

다만 해당국의 관련 법규에 저촉되지 않아야 하며, 초기 장비 및 장소 확보를 위한 자본이 문제가 될 수 있을 것이다.

• 현지 비즈니스 선교

사도행전의 바울 사도와 같이 선교사 본인이나 자본가와 기술자와의 공동으로 사역지에서 직접 사업체 경영을 통해 하나님의 복음을 직·간접적으로 전함과 동시에 선교비를 현지에서 마련하는 비즈니스 선교가 주목을 받고 있다.

합법적인 체류가 어려운 창의적 접근 국가에서의 선교를 위해, 이 나라가 필요로 하는 분야의 도움을 주면서 일자리 창출과 고용의 기회를 부여하고 합법적인 비자를 취득할 수도 있기 때문이다. 따라서 앞에서 말한 전문 직업 기술 지도와 함께 적극적인 선교지 개발을 위한 하나의 방식으로 도전해 볼 만하다.

이 경우는 현지의 필요 사항 파악과 시장 현황의 조사가 선행되어야 하며, 창업을 위한 당사국의 노동법과 세법 그리고 영업 허가 취득 절차 등 관련 법규 준수 문제에 유의해야 한다. 아울러 현지인 고용시 임금, 복지 관련 규정도 잘 살펴보아야 할 것이다.

앞서 얘기한 학원, 식당업, 컴퓨터 또는 스마트폰 수리나 부품점, 자동차 정비업, 운수업 및 관광 서비스업은 물론 부동산 관련업까지 그 대상은 선교지의 수요와 상황에 따라 얼마든지 생각해 볼 수 있다. 아울러 필자의 짧은 경험이었던 농업 관련 관심자는 2부 4항을 참고하기 바란다.

이 비즈니스 선교(BAM: Business as Mission 또는 일터 선교)와 관련한 서적들과 보고들이 이미 많이 출간, 발표되어 있어 이러한 자료를 참고하면 좋은 도움을 받을 수가 있을 것이다.

- **사이버/sns에 의한 비대면 선교**

IT기술의 발달과 정보 전달 매체의 확산으로 종전의 교회 개척 등 직접 대면 선교에서, 원격 온라인(on-line)에 의한 비대면 복음 전파도 고려해 볼 수 있다. 이미 위성과 단파 수신기를 이용한 무선 방송으로 공산권이나 무슬림 지역 선교를 전문으로 하고 있는 선교사도 있다.

그러나 시니어 선교사는 비록 대규모의 시설이나 장비가 없어도, 초기 대면 전도로 시작하여 점차 sns에 의한 비대면의 말씀 전달과 성경공부를 학생, 직장인 대상으로 시도해 볼 수가 있을 것이다. 그리고 주기적인 대면 활동과 병행하면 교회 설립을 하지 않고도 효과적인 목회 사역이 될 것이다.

- 소외 계층 특수 선교

장애인, 중독자, 난민, 빈민 등 신체적이나 경제적으로 소외된 현지인들에게 점차 관심이 높아짐에 따라 이들을 돕고 지원하며 복음을 전하는 선교도 시작되고 있다. 그러나 아직 그 수는 소수에 불과하며, 수화 등 전문성과 많은 선교비를 요하는 것으로 인식하여 기피하고 있는 실정이다.

그러므로 시니어들이 특정 분야의 신체장애인으로 한정하든지 아니면 마약 중독자, 전쟁 난민 등 제한된 분야의 소외자들을 위한 선교도 도전해 볼 수 있을 것이다.

예수님도 이런 장애인들이나 소외된 자들에게 가까이 다가가 특별한 관심과 사랑으로 대하였으며, 신체적 어려움의 치유를 통해 구원을 받도록 해 주셨다. 예수님의 사랑은 이런 가난하고 버림받은 자들에게 더 필요하지 않을까?

2. 평신도 시니어 선교를 결심한 분들께 들려주고 싶은 조언은?

하나님의 부르심(calling)

"여호와께서 아브람에게 이르시되 너는 너의 고향과 친척과 아버지의 집을 떠나 내가 네게 보여 줄 땅으로 가라"(창 12:1).

은퇴한 시니어가 새로운 선교사의 길을 택한다는 것은 75세 때에 부름을 받은 아브라함의 선택과 결코 다르지 않다.

따라서 평신도 시니어 선교의 결심에는 무엇보다 먼저 '하나님의 부르심(calling)이 있었는가?' 하는 것이 중요하다. 특별히 타문화권 사역의 부르심과 과연 "이 길(시니어 선교의 결심)이 하나님의 뜻인지, 그리고 자신의 '선교적 삶'이 최선의 선택인가?"에 대한 분명한 답이 있어야 한다(1부 1항 참조).

노년에 이국의 생활은 그것도 선교사라는 삶은 결코 만만하지 않은 길이며, 그 길에는 헤아릴 수 없는 위험과 변수 및 도전이 가로막을 수도 있기 때문이다.

따라서 하나님의 소명이 절대적이며 하나님의 부르심이 있지 않으면 안 될 뿐 아니라, 이 '부르심'이 최우선되어야 한다. 만약 '하나님의 부르심'이 분명하지 않으면 시니어 선교사의 길은 재고할 필요가 있다.

그러면 어떻게 그 부르심을 확인할 수 있을까? 그것은 오직 하나님과 자신과의 관계로부터 알 수밖에 없으며 특별한 음성으로서만 아니라 깊은 기도를 통한 감동과 하나님의 인도하심을 의식하게 되는 과정이 함께 따라오는 경우가 대부분이다.

전문 선교 단체(기관, 교회 등)의 교육/훈련 이수

전문가의 시대다. 그만큼 선교도 전문적이어야 한다. 가능하다면 좋은 선교 정보와 자료를 보유하고 있을 뿐 아니라 이미 소속된 선교사의 수가 많은 전문 선교 단체에서 제공하는 프로그램에 참여해 볼 것을 적극 추천한다.

이제는 온라인에서 간단히 '시니어(또는 실버) 선교/선교 기관/선교 단체'라고 입력만 하면 쉽게 전담 기관을 찾을 수 있으며, 많은 곳에서 시니어 선교사를 지원하고 양성하는 프로그램을 운영하고 있다.

전문 선교 단체는 마태복음의 9장 37, 38절에서 이야기하는 '추수할 밭'이 어딘지, 거기서 어떻게 곡식을 거두며, 거둔 곡식의 저장이나 관리를 어떻게 해야 효과적인지를 '추수할 일꾼'들에게 미리 알려준다.

따라서 GP한국선교회 등 전문 선교 단체가 제공하는 과정을 이수하면, 선교에 직접 필요한 실질적인 준비 사항과 세부적인 조언을 얻을 수 있을 뿐 아니라 인적 네트워크에 동참할 수도 있으며, 현장 적응을 위한 사전 훈련도 받을 수 있다.

또 선교 단체 소속 선교사가 되면 사역지에서 봉착할 수도 있는 어려움이나 건강 문제로 급히 귀국해야 할 때 도움 등을 받을 수도 있다.

충분한 사전 준비

은퇴 후에 새로운 삶의 진로를 설정한다는 것은 그리 쉬운 일이 아니다. 한번 방향을 결정하고 나면, 다시 고치기는 새로 시작하는 것보다 더 어렵기에 충분한 사전 준비가 필요하다.

맨 먼저 본인은 물론 동반할 가족 모두 영적 상태와 건강 조건이 좋아야 새로운 곳에서 새로이 출발할 힘을 얻을 수 있다.

또한 선교가 본인과 동반 가족에게 일단 즐겁고 보람이 있는 일이어야 한다.

다음으로 하나님의 부르심에 대한 마음의 결심을 하였다면, 선교에 헌신하지 못하게 할 수 있는 요소들을 미리 다 정리해야 한다. 여기에는 재정(재산) 문제, 파송 교회와 후원자들과의 관계, 일시 귀국 시에 거처할 처소와 자녀들 문제 등이 있다(1부 3항 참조).

아울러 사역 예정지의 연구와 공부도 사전에 해 두어야 한다. 그 나라의 역사, 문화, 정치 및 타 종교를 포함한 종교 상황, 국민성, 경제, 학제와 생활 습관, 기후와 전통 등도 파악할 필요가 있다.

또 사역지에서의 필요들 가운데 출국 전 본국에서 미리 챙겨야 할 사항을 파악하는 것도 준비기에 조치해 두어야 한다.

좋은 멘토(초기 정착 안내자)와의 만남

이민 사회에는 "처음 도착 시 공항에 누가 나오느냐에 따라 그 사람의 이국 생활이 좌우된다"는 말이 있다. 그만큼 사역의 시작과 방향 및 내용 등 모든 것들이 초기 멘토에 따라 결정될 수 있다는 말이다.

낯선 이국땅인 선교지에서의 삶은 초기 멘토의 안내와 도움, 조언이 절대적으로 필요하다. 현지 주거지 마련, 차량 구입, 전입 신고 등 처음부터 본인이 단독으로 이런 일을 알아서 할 수 없기 때문에, 출석 교회나 본인의 인맥 등으로 멘토를 정할 수 없을 경우, 선교 단체 등에 찾아가 좋은 멘토의 추천을 받아 선교지의 초기 정착에 들어가는 것이 좋다.

이때 선임자가 있다면 가장 좋은 안내자가 될 수 있을 것이다 (사역을 위한 현지 선교사와의 협력은 이후 관련 항을 참조).

사역 시작(초기 사역)의 연착륙

• 사역 예정지 결정

사역지는 특별한 연(緣)이 없는 경우 본인의 깊은 기도를 거친 다음, 유관 선교 단체나 출석 교회 또는 다른 경로로 관계를 맺은 선교사의 추천 등을 통해 신중히 결정할 것을 제안한다.

선교지에서는 처음 맞부딪히는 일들과 사전에 예상하지 못했던 일들이 수없이 많이 일어날 수 있기 때문에, 본인의 재능과 언어 준비 등 상황에 따른 사역이 가능한 지역이 어디인가를 사전에 면밀히 파악하고 점검한 다음 결정해야 할 것이다.

• 사역지 결정을 위한 사역 예정지 사전 답사

일단 후보지가 선정되면, 할 수 있는 한 사전에 현지답사를 통해 직접 확인해 볼 것을 권한다. '왜 그곳이어야 하나?'에 대한 본인 스스로의 확신이 있어야 하기에.

이를 위해 선정된 후보지에 1~2주 정도(혹은 그 이상)를 체류하면서 직접 경험해 보는 게 가장 좋다. 현지의 선교 협력자들이 먼저 사역한 여러 경험으로 얻은 조언을 통해 자신의 시행착오를 줄일

수가 있으며, 스스로 직접 현장을 체험해 봄으로써 최종 사역지 결정을 쉽게 내릴 수가 있기 때문이다.

또 이 답사 기간에 실제 사역지로 떠나기 전 한국에서 사전에 준비해 가야 할 사항을 파악하는 데도 큰 도움이 된다.

• 초기 '협조 사역'(helper/facilitator) 또는 '팀 사역'으로부터의 시작도 고려

사역지 결정 시점이나 예정지 답사 기간 또는 현지 사역 시작 시점에, 초기 정착을 위한 안내자나 다른 선임 선교사의 사역 도우미(helper) 역할이나 협력 사역(facilitator) 또는 이들과의 '팀 사역'으로부터 시작하는 것도 좋다.

그런 다음, 자신의 상황에 따른 사역의 방향이나 내용을 충분히 검토한 후 단독 사역을 시작하거나, 아니면 위의 '팀 사역'을 계속할 수도 있다.

이때 먼저 온 선교사와 협조 사역을 하지 않는다면, 이미 다른 선교사가 하고 있는 사역이나 타 선교사의 인근 위치에서의 사역은 피해야 하며, 중복이나 경쟁은 절대 금해야 한다.

또한 현지 사역의 연착륙을 위해 협력 사역자와의 '팀 사역'을 할 경우, 그 기간은 상황에 따라 많이 달라질 것이며, 한국에서 계획하고 온 일들과는 비록 다른 일이 주어지더라도, 현지 선교 사역은 장거리 경주로 생각하고 시작하기를 권하고 싶다.

필자는 처음부터 '선교사를 돕는 선교'를 표방하고, 선교사 운전 대행 등 어떤 일이라도 도와주는 사역을 하려고 했다. 비록 운

전은 아니었지만 한국어 강의 요청 등 선교사들의 요청은 어떤 거절도 없이 수용한 결과 뜻밖의 사역이 주어지게 되어, 결국 이렇게 맡겨진 일이 주 사역이 되었으며, 더 의미 있는 결과를 얻을 수가 있었다.

- **융통성 있는 초기 사역 기간의 선택**

처음 이국 생활의 적응에는 예기치 못한 문제들이 많이 발생할 수 있으며, 준비 기간에 세운 계획과 다른 상황이 주어질 가능성도 있다. 따라서 처음부터 10년 또는 5년 체류 등으로 사역 기간을 설정하고 시작할 수도 있지만, 시니어의 경우 신체 조건과 현지 적응도 등에 따라 3개월, 반년 혹은 1년 정도로 시험 체류를 거쳐, 그 기간을 단계적으로 늘려 나가는 방식도 좋을 것이다.

선교지의 필요를 충족해 주는 선교사로

후발 시니어 선교사는 선교지에 먼저 와 있는 선교사의 주시 대상이 될 수밖에 없다. 우선 한국적 관습에 따른 연장자라는 부담에다 현지 상황 파악 부족과 언어 소통 한계 등으로 많은 도움을 받아야 할 경우가 있기 때문이다.

따라서 선임 선교사와는 물론 앞의 협력 선교사나 초기 멘토 선교사 등 주변 사람들에게 가능한 한 부담을 주지 않도록 노력해야 하며, 이들과의 좋은 관계를 맺고 지내는 것이 아주 중요하다(6부

5항 참조).

　따라서 사역지에서 군림하려는 자세는 절대 금물이며, 항상 섬김의 자세로 그리고 작은 일에도 최선을 다하고 적극적으로 임하는 자세가 필요하다.

　또한 지역사회에서는 베풂과 희생, 겸손의 자세로 그리고 주위의 선교사에게는 필요를 채워주고 도와주는 협조자나 도우미의 위치에 서는 것이 좋다. 이럴 때 이국에서 급작스레 도움이나 협조가 요구될 상황에서도 큰 어려움 없이 바로 도움을 받을 수 있다. 필자는 실제 이런 경험들이 여러 차례 있었다.

3.
경험으로 본 시니어 선교의 성공 요건은?

본인의 하나님과의 관계 및 가족의 동역

첫 번째로 나의 새로운 도전인 선교가 과연 하나님의 뜻인가 하는 물음에 명확한 답을 내릴 수 있어야 한다. 하나님의 부르심이 없이 스스로의 결심이나 만족으로 출발한다면 가벼운 시험에도 좌절하고 상당한 혼란이 초래될 수 있기 때문이다(6부 2항 '하나님의 부르심' 참조).

또한 한시도 하나님과의 동행함이나 기도 없이는 어떤 성과도 기대할 수 없는 곳이 선교지이기에, 하나님께 모든 것을 맡기며 나아가야 한다.

두 번째는 가족의 적극적인 협조와 후원이 전제되어야 하며, 사역의 의미와 가치를 가족과 충분히 공유할 수 있어야 한다.

건강관리와 자기 관리

본인과 가족의 건강이 뒷받침돼야 뜻하는 사역을 할 수가 있다.
출국 전 준비(1부 3항 참조)의 건강검진과 완벽한 조치를 하고 왔더라도, 필자와 가족은 1년에 한 번씩 한국으로 나가 정례 건강검진을 통해 건강 문제로 사역에 전념하지 못하는 일이 없도록 하였다.
아울러 현지에서 자신에게 맞는 꾸준한 운동으로 스스로의 건강을 챙기는 것이 현명하다. 그에 앞서 사역의 가치와 보람으로 감사와 기쁨에서 오는 정신 건강이 신체 건강에 우선함을 경험하며 지내기를 권하고 싶다.
또한 선교지에서 건강관리 못지않게 중요한 자기 관리를 잘하지 못하면, 자칫 모든 선교사와, 나아가 하나님을 욕되게 할 우려도 있다. 본이 되지 못하는 일부 선교사들의 일탈로, 이민 사회에서 전체 선교사가 손가락질받거나 지역 한인교회의 전도까지 어렵게 만드는 안타까운 일도 목격했다.
선교사에게 업무 지시자나 감시자가 없는 곳이 선교지다. 반대로 주위의 선교사들과 교민들로부터 시니어 선교사의 일거수일투족은 호기심과 함께 관심의 대상이 될 수 있다. 따라서 시니어 선교사는 스스로의 생활 원칙을 세워, 자기 통제와 절제가 필요하다.

또 신앙의 연륜이 일천한 현지인들은 선교사의 일거수일투족을 예의 주시하고 있기 때문에 언행에 매우 신중할 필요가 있다. 매사에 본이 되어 행동과 삶으로 그리스도를 증거하는 생활이 각별히 요구된다.

언어 구사 능력 및 현지화 적응도

사역의 열매가 풍성한 선교사들의 공통점은 무엇일까? 바로 현지 언어 구사에 능하다는 데 있다. 이방인에게 복음을 전파한 사도 바울도 히브리어와 헬라어에 능했다. 사역을 행함에 있어 상대가 이해할 수 있는 언어를 쓴 것이다.

좋은 선교사가 되려면 열린 마음으로 현지 문화와 언어를 익혀, 그들과 긴밀한 네트워크를 형성해 빨리 현지화해야 한다. 고정된 사고에서 벗어나 현지의 타문화를 잘 이해하여 현지인과 구분 없이 먹고 생활함은 물론 일상의 활동들을 빨리 현지화하는 것이다.

물론 시니어가 젊은 목회자 선교사와 같이 높은 수준의 언어 실력을 갖추는 것은 쉽지 않을 것이다. 그러나 그렇게는 못하더라도 일상적인 기본 대화가 가능할 수 있도록 현지어 회화의 기초 수준은 되도록 빨리 갖추어 나가야 한다.

부득이 현지어 준비기간의 부족이나 현지어 공부가 여의치 않을 경우, 세계 공통어인 영어에 의한 기본 대화나 의사표현은 꼭 준비해야 한다. 아울러 스마트폰에 현지어 번역과 기본회화 지원

앱(app) 그리고 영어회화 앱을 설치해 가면 큰 도움이 될 수 있다.

후원자

목회자 선교사들 사이에서의 관심사 중 하나는 지속적인 후원금 확보이다. 후원금이 끊기면 사역이 쉽지 않기 때문이다. 그러나 평신도 자비량 시니어 선교사는 이 같은 부담 없이 꾸준히 선교 사역에만 임할 수 있는 큰 장점이 있다. 물론 평신도 선교사도 후원자가 있으면 사역의 범위를 넓혀나갈 수 있다. 필자의 경우, 교회 유지 보수에 소요되는 큰 경비는 이런 후원으로 충당한 때가 많았다.

특별히 사역에 가장 필요한 '차세대 리더 양성'에는 장학금 지원이 좋을 수 있기 때문에, 과외 후원금을 이 용도에 사용했다. 믿음이 좋지만 가정 형편상 상급학교 진학이 불가능한 어린이나 청년들에게 장학금을 지원해 주어, 졸업 후 이들이 좋은 직장에 취업해 다시 후진 양성에 필요한 지원으로 이어간다면 얼마나 아름다운 전통이 되겠는가?

아울러 뒤에서 언급할 우수한 차세대 기독교 리더의 양성에도 장학지원금은 매우 유용하다.

또한 사역 초기에는 물론 정착 이후에도 영적 전쟁터인 사역지는 여러 시험과 도전에 직면할 때가 많기 때문에, 기도 후원자의 기도와 격려는 재정 후원 못지않은 큰 용기와 문제 해결의 도움을 준다.

4.
평신도 시니어 선교사를 위한 제언

현지 선교사 및 현지인 사역자 등과의 협력

앞에서 언급한 초기 정착 멘토나 협조자의 도움 못지않게 현지 선교사들과의 협력이 사역에 크게 도움이 될 경우가 많다(6부 2항 참조). 사역 초기에는 현지 정보와 선교 경험이 없기 때문에 사역지 적응까지는 독자적인 사역이 쉽지 않다. 필자의 경우처럼 뜻밖의 현지 교회 사역을 하게 될 경우, 목회 경험이 없는 평신도는 특히 목회자 선교사의 협력이나 자문이 큰 도움이 된다.

나아가 정착 후 본격 사역을 할 경우일지라도 교회 리더나 교사 교육 및 목회자 영성 세미나 등을 선교사협의회나 일부 선교사 단체 또는 개인이 주관하면서 참여를 요청받는 경우가 많다. 이 경우 적극 협조하여 동참하는 것이 좋다. 이를 통하여 사역의 내실과 확대 및 자신의 사역과 비교 등을 통하여 많은 도움을 받을 수 있으며, 사역 관련 정보의 획득뿐만 아니라 선교사들과 좋은 관계를 맺을 수도 있기 때문이다.

우수한 다음 세대 기독교 리더의 조기 발굴과 양성

어느 조직이나 기관이든 책임자의 리더십과 자질 이상 그 단체가 발전할 수 없다고 했다. 선교 사역이나 교회도 마찬가지이다. 따라서 가장 값지고 우선되어야 할 사역이 다음 세대의 필리핀 기독교를 이끌어갈 우수한 자원을 조기에 발굴하여 내일의 기독교 리더로 양성되도록 적극 지원하는 사역일 것이다.

그러나 사역지 몇 곳의 신학교 강의를 통해, 다음 세대 필리핀 교계를 이끌 우수한 자질의 소유자는 쉽게 눈에 띄지 않아 매우 안타까웠다. 또한 필자의 사역 교회 몇 명의 우수한 청년에게 신학 공부를 권해 보았으나, 본인의 적성과 미래의 불안 등을 이유로 사양하였다.

이것이 오늘 필리핀 크리스천 젊은이들의 실상으로 보이므로, 많은 불신자를 복음으로 초대하고 교회를 건축하는 일보다 오히려 우수한 차세대 기독교계의 리더 가능 자원을 조기에 발굴하여, 이들을 적극 지원하고 양성하는 것이 더 의미 있고 값진 시니어의 사역이 될 것이다.

특별히 남은 사역 기간이 상대적으로 짧은 시니어 선교사는 많은 영혼 구원도 좋지만 그보다 오히려 복음에 목숨 걸 우수한 젊은 인재를 조기에 물색하여, 적극 지원을 통해 차세대 리더로 키워 나갈 것을 권하고 싶다.

제3국의 선교 진출자 양성 모판 – 필리핀

아직도 공산권이나 무슬림 국가 등 소위 '창의적 접근 국가'의 선교사 파송은 많은 제한을 받고 있는 반면, 필리핀은 더 이상 선교사를 파송하지 않는다는 교단도 있을 만큼 많은 선교사들이 활동하고 있는 곳이다. 왜 그럴까? 물론 한국과 가까운 거리에다 영어권 국가라 비교적 간단한 준비로 사역이 가능할 뿐만 아니라, 자녀 교육에 많은 이점이 있기 때문으로 여겨진다. 그러나 꼭 그렇지만은 않다.

필리핀은 할로할로(halo halo) 국가라 불린다. 할로할로란 영어의 믹스(mix, 여럿을 함께 섞다)를 뜻하는 필리핀 말이다. 오랫동안 중화권 영향에다 스페인(1571~1898)과 미국(1898~1942), 일본(1942~1945) 등 외세의 지배를 받아, 동서양의 인종, 언어와 문화가 혼재된 나라다. 서방 국가의 오랜 식민 통치와 교역의 역사 속에서 말레이계와 중국계, 미국계, 스페인계, 아랍계 등의 혈통이 혼합되면서 외관상으로도, 문화적으로도 동서양이 섞인 모습을 지니고 있기 때문이다.

따라서 공산권이나 회교권 국가, 스페인어계 국가로 선교사를 보낼 수 있는 가장 좋은 민족이 필리핀인이다. 세계 어느 나라, 어느 말, 어느 민족과도 잘 어울릴 수 있다. 이런 필리핀인을 선교사로 파송하는 일을 주사역으로 하는 한국 선교사도 생겨나기 시작했다.

다음 세대 선교는 이런 선교 불모지인 제3국으로 보낼 현지인 선교사를 키우는 소위 '선교사 양성 모판'으로 삼는 것도 매우 바람직하다. 그 일을 한국 선교, 나아가 한국 시니어 선교의 블루오션으로 삼기를 제안해 본다.

장기 해외 거주 사역이 곤란한 시니어의 순회 또는 단기 재능 기부 선교

선교에 뜻을 둔 은퇴자는 물론 현업에 종사하는 평신도 시니어들 중에는 여러 형편과 여건으로 해외 장기 선교보다 단기 방문을 통해 전문가 못지않은 사역을 행하고 있다. 꼭 장기 해외 거주 선교만이 시니어가 할 수 있는 사역의 전부는 아니다. 자신의 형편과 처지에 따라 국내에서 물질로, 기도로 또는 자신의 재능 기부로 얼마든지 선교를 할 수 있기 때문이다.

필자는 이러한 순회 또는 단기 재능 기부 선교에 앞장서고 있는 모범적인 70~80대 시니어 선교사들을 만나 큰 도움을 받기도 했다. 이들 중 몇 분을 소개한다.

• 박○○ 장로

박 장로는 한국에서 현재 음향 사업을 계속하고 있는 음향 분야 전문 엔지니어다. 10여 년 전부터 교회의 예배 필수 도구인 앰프, 악기 및 방송과 음향의 성능 유지를 지원하고 있다.

필리핀 전역의 한인 선교사와 네트워크를 형성해 수리 부품 등을 주문받아, 한국에서 준비해 온 다음 직접 해당 교회를 방문하여 수리와 설치를 도와주며, 신축 교회에도 음향 장비의 기본 계획부터 설치 등에 자신의 전문 재능을 제공하는 '기부 천사'이기도 하다. 통상 2개월에 한 번씩 1주 내지 2주를 자비량으로 필리핀에 체재하면서, 선교에 필요한 음향 관련 기술 지원을 계속하고 있다.

70대 초반의 비거주 순회 선교사인 그가 지원한 기기들의 성능 보장도 확실해서 많은 현지 선교사들이 그의 내방을 기다리고 있는 실정이다.

• 이○○ 장로

이 장로는 직장 생활을 모두 현대중공업에서 보내면서, 현대의 베트남 조선 투자 조사부터 조선소 건립, 현지 사장 등을 역임하며 10여 년 이상을 베트남에서 보냈다. 이 기간 동안 중부 베트남의 소수민족 복음화와 삶의 질 개선을 위해 'Cow Bank'라는 펀드를 설립하고, 베트남 현지 소수 민족 교회의 부흥과 산족 학생들의 장학사업(러브 수이라우)을 시작하여 계속 지원해 왔다.

퇴직 후 한국으로 돌아온 후에도, 현역 시절에 시작한 베트남 선교 사업의 지속적인 지원을 위해, 후원회를 만들어 초등학생부터 대학생까지 매년 140여 명 이상에게 장학금을 지급하며 면학을 독려하고 있다. 또 주기적으로 수련회 및 세미나를 열어 복음과 비전을 심어주고 하나님의 은혜 안에 장래의 지도자로 커나가도록 돕고 있다.

그는 이런 활동 내역과 지원 결과를 매월 후원회원들에게 보고하고, 이들 후원회원들과 함께 또는 단독으로 수차례 베트남을 방문해 현역 시절 선교 사역을 지속적으로 이어가고 있는 60대 후반의 열성 시니어 선교사다.

- 고○○ 장로

50년 넘게 안경점을 운영하는 80대 중반의 아직 현역인 시니어 선교사이다. 70세에 출석 교회의 시무 장로직을 은퇴한 다음에도 수차례 국외 단기 선교를 다녀왔다. 이 과정에서 그는 교회가 없는 필리핀의 한 섬에 교회 신축을 지원했다. 이를 시작으로 필리핀의 다른 2곳에서 선교사를 도와 교회 건축을 후원했다. 2개월여 동안 직접 교회 건축 현장에 체류하며 공사를 돕고 진행의 확인을 통해 건축비 절감은 물론 감독 업무까지 담당하기도 한다.

한국에서 일정 수익이 생기면 직원들에게 가게를 맡기고, 필리핀에서 비용 제한으로 잠시 중단했던 공사를 재개하는 강행군을 거뜬히 해내 노익장을 과시하기도 했다.

그는 '선교를 위한 안경점'을 계속해 나갈 예정이라면서 "앞으로 우크라이나와 우즈베키스탄에 교회를 개척하고 싶다"며 현재는 이들 나라의 고려인 복음화를 위한 방문과 기도를 계속하고 있다.

• 강○○ 장로

장로직 시무 중에는 물론 퇴임 후에도 '선교와 기도'에 온 정성을 다 쏟고 있는 은퇴 장로다. 그는 현역 시절 지원하던 파키스탄 목사가 한국 신학대학에서 수학할 수 있도록 후원자를 연결해 주고, 계속해서 그의 사역을 지원하고 있다. 그 목사는 파키스탄으로 귀환해 성경대학과 신학교, 기독 중·고교를 운영 중이며 어린이 사역도 활발히 하고 있다. 강 장로는 그를 돕기 위해 후원자들을 모으고 방문과 지원 협조를 이어나가고 있으며, 현지 영성 수련회를 계획하여 지원하고 있다.

또 국내의 외국인 노동자에게 복음을 전하고 있는 선교사를 도와 경인 지역에서 진행 중인 외국인 노동자 고충 상담과 주기적 영성 향상을 위한 '복음학교' 프로그램에 동역하고 있다.

또한 순회선교단의 기도와 복음 사역에도 동참하고 있으면서 기도와 전도에는 아직 현역인 70대 중반의 대표적인 국내 거주 자비량 시니어 선교사다.

국내에서 외국인 선교의 협력 사역이나 단독 선교

우리나라는 이제 이주 노동자, 유학생 및 그들의 가족 등 다문화 가족 250만 시대를 맞게 되어, 외국으로 나가지 않고도 국내에서 해외 선교가 가능한 시점이다. 여기에다 연간 약 300만 명의 외항 선원들이 한국을 찾고 있다.

이들은 대부분 자신들의 필요에 의해 우리와 가까이 하기를 원하거나 한국을 더 이해하려 하고 있어, 비교적 쉽게 접근이 가능한 사람들이다.

따라서 여러 선교사와 교회, 한국외국인선교회를 중심한 이주민 전문 선교 기관 등이 저들의 애로를 처리하고 상담하는 등 하나님의 사랑으로 이들을 섬기며 복음을 전하고 있는 중이다.

또한 이 이주민들 가운데 신실하고 우수한 자를 선교사로 양성하여 본국으로 역(逆)파송하게 되면, 파송 선교사 못지않은 큰 역할을 할 수 있으므로 어려운 가운데서도 이 사역까지 담당하고 있다.

따라서 여러 기관이나 선교사가 열심을 다하고 있으나, 이주민의 증가, 체류기간 초과 노동자의 증가, 한국 문화에 적응하지 못하거나 시댁과 갈등으로 어려움을 겪고 있는 다문화 아내의 증가는 물론, 심각한 수준에 놓인 이들 자녀의 교육을 위해 더 많은 손길이 요구되고 있는 실정이다.

여기에 헌신된 시니어들이 이러한 문제의 해결을 보다 효과적으로 도울 수 있을 것이다. 특별한 경험이나 전문 지식이 없더라도 비교적 손쉽게 기존의 전담 선교사를 돕거나 협력을 통한 사역이 가능할 것이며, 이후 독립 사역으로도 점차 발전해 나갈 수도 있을 것이다.

5.
결론 – 선교는 관계(關係)다

하나님과의 관계

하나님은 전심으로 하나님만을 섬기고 순종하기를 원하신다 (대하 16:9; 시 119:2). 이스라엘의 사울 왕(삼상 15:22)이나 예후 왕(왕하 10:31)은 다 하나님을 잘 섬긴 왕이었으나, 전심으로 섬기지 않았기에 그들의 말로가 아름답지 못했다.

선교지에서의 삶이나 사역이 결코 순탄하지만은 않다. 따라서 사무엘(삼상 7:3)이나 다윗(왕상 14:8; 시 9:1, 86:12)처럼 하나님만을 전심으로 의뢰하고 섬기는, 온전한 하나님과의 관계 이상 큰 힘은 없었다.

특별히 복음 전도 대상인 현지인, 심지어 현지인 목회자로부터도 배신을 당하는 경우가 있었으며, 사역 가운데서도 시험에 들 때가 많았다. 이때 가장 큰 위로와 격려는 바로 하나님이시다. 그분께 가까이 나아가면 모든 의문에 완전한 답변을 주심은 물론 어려움을 이겨 낼 힘도 얻을 수가 있다.

이와 같은 하나님과의 관계란 이 일이 과연 하나님의 뜻인가, 하나님이 기뻐하실 것인가를 묻고 행하는 것이다. 이런 하나님과의 관계가 잘 되어 있는 것이 바로 선교사의 삶이다.

또한 이런 하나님과의 관계는 궁극적으로 동역하는 현지인 목회자, 교회 리더 그리고 전 교인들과의 관계로 연결되어, 결국 사역 전체가 하나님의 주권하에 놓이는 아름답고 보람 있는 일이 된다.

현지인 목회자와의 관계

아무리 선교 기간이 길어지고 현지인에게 가까이 다가간다 할지라도 선교사는 현지인이 될 수는 없다. 저들의 깊은 내면의 심정까지 알기란 거의 불가능하다. 따라서 많은 경우 현지인들은 자신의 마음을 선교사보다 현지인 목사에게 먼저 말하고 호소한다.

이들이 목회자로부터 듣게 되는 복음으로 저들 마음이 움직여지며 믿음이 자라나게 된다. 동시에 현지인 목회자가 성도들의 상담이나 신앙 조언과 함께 성경공부와 예배 등을 통해 믿음의 확신을 갖도록 지도한다. 그렇기에 시니어 평신도 선교사가 목회 사역을 할 경우, 현지인 목회자를 두어 사역하는 것이 바람직하다.

이때 선교사와 현지인 목회자는 서로 신뢰하고 한마음이 되어야 한다. 그러나 가치관과 신앙 수준이 같지 않아서 의견의 차이가 날 때도 있다. 그 위대한 바울과 바나바도 의견 대립으로 끝내 갈라서지 않았던가?

따라서 선교사는 현지인 목회자에게 자신의 사역 철학과 선교 방향을 잘 이해시켜, 사역 공감대를 형성해 나가는 노력이 절대 필요하다(4부 1항 참조).

현지 교인들과의 관계

사역지 교회의 교인 한 사람 한 사람이 바로 선교의 열매다. 한 성도를 바로 세우면 그 한 사람으로 인해 다음 사람을, 그의 가족과 친구들을 복음으로 초청할 수 있고, 또 다른 사람을 연속해 전도할 수 있다. 그 안에서 다음 세대 리더가 나와 또 다음 세대를 세워 나간다.

그러나 많은 경우 소득 수준이 낮은 현지인들을 긍휼히 여기는 것까지는 좋으나 자칫 자존심을 상하게 하는 언행은 각별히 조심해야 한다. 되도록 저들의 말을 잘 들어주어야 하고, 복음을 전해야 한다는 의욕으로 일방적인 많은 말을 하지 않는 것이 좋다.

특히 필리핀 사람은 오랜 식민 통치를 받아온 터라 본인의 안위를 위해 속내를 밖으로 잘 드러내지 않는 습성이 있으며 자존감이 매우 강해, 이것이 유지가 되지 않으면 모든 사이가 깨어지고 만다. 조심할 필요가 있다.

또한 대부분 한 부락에 일가친척들이 모여 사는 경우가 많은데, 가족애가 매우 강해 교인 한 사람과의 관계를 잘 맺으면 그의 가족 모두와도 좋아질 수 있다. 이 관계는 나아가 교회 전체의 힘을 키우는 시작점이 된다.

선교사, 지역 한인교회 목회자 및 교민 등 지역민과의 관계

선교지 이민 사회를 구성하고 있는 이웃들과의 좋은 관계는 사역의 피곤함을 해소하는 활력소가 된다. 필요한 도움과 조언을 직접 받을 수 있고, 이들을 통해 선교 정보 획득은 물론 선교의 폭과 깊이를 더해 나갈 수가 있다.

뿐만 아니라 앞에서 언급한 예(3부 1항 참조)와 같이 한인교회 목회자와 평신도, 교민들과의 관계는 부지(不知)의 도움의 경로 역할도 한다. 또한 주위 한국 선교사와도 좋은 관계를 유지해야 한다는 사실을 꼭 기억할 필요가 있다(6부 4항과 6부 5항 참조).

파송 교회/선교 단체 및 후원 기관, 후원자와의 관계

파송 교회/선교 단체와의 원활한 관계는 기본이다. 사역을 신뢰하고 지지해 주며, 선교팀 파송과 선교 활동 변경 등의 업무 협

의 등을 위해서도 그러하다.

  마찬가지로 여타 후원 기관이나 후원자와도 정례 또는 수시로 선교 활동 보고를 하고, 필요할 때 기도를 요청하는 등 이국 사역지에서의 가장 든든한 기도와 재정 지원 요청 등을 위해서도 소홀해서는 안 되는 것이 이들과의 관계이다.

6.
필자의 향후 계획

시니어 선교의 보람과 선교사 정년

 소망해왔던 선교를 하나님께서 허락해 주시고 무엇보다 좋은 협력자들을 예비해 주셔서 지난 10년간 분에 넘치는 일들을 잘 감당할 수 있었다. 모두가 하나님의 은혜였다.

 필자와 같이 직장 은퇴 후에 선교를 하고 싶은 분들이나 '은퇴 후에 무슨 일을 할까?' 하면서 고민하는 예비 시니어들이 있다면, 자비량 선교를 적극 권하고 싶다. 이 시점에 또다시 10년 전으로 돌아가 이 기록을 남기는 이유도 바로 이 때문이다.

 만약 필자가 선교지로 나오지 않았다면, 국내에서 교회 일을 돕기도 하고 주위 친우들과 노후 건강을 핑계로 등산이나 여행, 기타 소일거리로 지냈을 것이다. 그러나 필자는 그들보다 더 건강하게 기쁨과 보람을 느끼며 선교지에서 10년을 보낼 수 있었다. 그래서 감히 모든 크리스천 시니어들에게 감사와 은혜를 경험할 수 있는 이 길을 간곡히 권하는 이유다.

해외 선교에 무슨 큰 열매를 기대하고 나설 필요도 없다. 그냥 "…너희는 '가서' 모든 민족을 제자로 삼아…"라고 하신 하나님의 뜻을 좇아 기쁨과 감사로 '가기만 하면' 일은 하나님께서 다 예비해 주신다.

선교사는 정년이 없기에 하나님께서 그만두라 하실 때까지 달려가다가 멈추면 된다. 필자는 선교지에 뼈를 묻기로 결심했고, 그 생각에는 변함이 없다. 그러나 하나님은 10년 선교지에서의 시간을 멈추고 또 다른 일을 명하셨다. 이 명에 순종하여, 느보산에 섰던 모세의 심정으로 기쁘게 국내 선교로 방향을 돌렸다.

이제는 그동안 제대로 공부할 기회를 갖지 못하였고 접해 보지 않았던 선교 이론에 대한 체계적인 공부와 선교 훈련에도 참가하여 선교에 대한 이해의 깊이를 더하려 한다. 이를 통해 현장에서 익힌 선교 실무 경험과 선교 이론을 비교하여 그 결과를 선교 지원 시니어들과 공유하기를 기대한다.

아울러 사역지에서 많은 시간적 제한으로 행하지 못하였던 말씀 연구와 기도에 더 많은 시간을 쏟아 하나님께 더 가까이 나아갈 것이다.

평신도 시니어의 선교 동원 및 유관 선교회 봉사

한국 교계는 지금 어느 교회나 연로한 성도가 점차 많아지고 있다. 따라서 은퇴한 시니어 성도는 물론 은퇴를 앞둔 예비 시니어들이 은퇴 후 무엇을 할지 고민하지만, 이에 대한 시원한 답을 제공하는 교회는 그리 많지 않다. 따라서 이들을 선교에 동원해 평신도 시니어 선교사가 될 수 있도록 권유하고 인도하는 것은 지금 이 시대의 교계가 해야 할 몫이다(1부 1항 참조).

누군가가 앞서 행한 길을 보여주어, 그들이 자신감을 갖고 이에 도전할 수 있도록 선교의 비전을 제시해 주는 것이 필요하다.

이미 각 선교 단체에서 시니어들에게 선교를 장려하고, 자칫 사장될 수도 있는 그들의 달란트를 유용하게 활용하도록 독려하고 있다. 그러나 현장 경험과 시행착오를 겪은 평신도 시니어 선교의 안내자가 흔하지 않다. 상황이 이렇다 보니, 파송 교회와 파송 교회가 이사를 맡고 있는 GP선교회에서는 지난 10년간 현장 체험을 한 필자에게 이 일을 요청해 왔다.

- **1명의 현지 선교사보다 10명의 선교사를 발굴하고 양성하는 선교사로**

선교지 현장에서 10년을 지내다 보니, 지역의 필요와 해야 할 일들이 더 분명하게 보이기 시작했을 뿐 아니라 봉사하고 도울 일들이 점차 많아졌으며, 선교에 대한 노하우도 어느 정도 생겨나게 되었다. 또 사역의 보람과 기쁨이 그곳에 있어 선교지에 뼈를 묻기로 결심했고, 그 생각에는 10년이 지나도 조금의 변함이 없었다.

그러나 선교적 교회를 지향하는 파송 교회에서 "1명의 현지 선교사보다 10명의 선교사를 발굴해 선교지로 파송하는 것이 더 의미가 크지 않느냐?" 그리고 "아직 믿음의 확신이 부족한 성도들에게 해외 선교지 방문 기회 부여 등으로 신앙 성숙을 기할 수 있는 일과 교인들의 선교 동력화 프로그램을 맡으면 어떻겠느냐?" 하며 귀국을 권고해 왔다.

그 시점에 마침 잘 준비된 적절한 후임 선교사가 필리핀 선교사로 자원해, 과감히 현지 사역 10년을 접고 한국으로 돌아와 이 일들을 감당하고자 한다.

필리핀 선교 현지어인 타갈로그어 강의

필리핀은 아직 선교해야 하는 나라이기도 하면서, 선교하는 나라로 발전할 수 있는 무한한 잠재력을 가진 나라다(6부 4항 '선교사 양성 모판' 참조).

그동안 익힌 타갈로그어 정복 방법과 타갈로그어 선교에 관한 노하우를 이 지역 선교를 희망하는 선교사 지망자들에게는 물론 단기 선교나 다른 필요로 관심을 갖는 이들에게 전하는 일도 계속할 수 있게 되기를 기대한다. 특별히 사역지에서 3년여 동안 시행한 스터디 그룹 인도 경험과 획득한 자료의 공유는 또 하나의 선교 지원책이 될 수 있기에, 사장시켜 놓고 있기보다 필요한 사람에게 작은 도움을 줄 수 있을 것으로 여겨지기 때문이다.

이주 노동자, 다문화 가족, 유학생 등의 선교 지원과 군(軍) 선교 등 협조

앞서 6부 4항의 국내에서 이주민과 다문화 가족 및 그들의 자녀에 대한 복음 전도 사역을 담당하고 있는 선교사들이, 이들 중 신앙이 독실한 자를 역(逆)파송 선교사로 양성하기 위한 신앙 교육과, 특별히 다문화 가족 자녀들에게 정상적인 교육 혜택을 제공하기 위한 인력과 도움을 절실히 필요로 하고 있는 실정이다. 따라서 필자가 오랫동안 종사한 교육 경력과 직접 국외 선교를 통해 얻은 경험 및 차세대 리더 양성 사례들을 이들과 함께 나누고 돕기를 희망한다.

아울러 필리핀 출국 전 동참했던 군선교를 위한 한국예비역기독군인회의 주례 조찬기도회에 참석하여 다시 군 복음화와, 국가와 민족을 위한 기도회에 힘을 보태며, 순회선교단의 정례 '복음기도모임'에도 동참해 계속적인 선교 후원에 열심을 다해나갈 예정이다.

모(파송)교회 은혜 갚기

앞에서 언급한 일들과 함께 앞으로 10년(?)은 지난 10년간 기도와 물질로 성원해 준 '모(파송)교회에 은혜 갚는 10년'으로 지내려

한다. 어떤 업무가 주어지든 맡겨진 일을 충성스레 감당함으로써 그 감사의 빚을 갚아나갈 계획이다.

비록 국내에서 전항에서 언급한 선교 관련 일들을 수행하겠지만 지금까지의 선교 관련 업무의 수행과 협조는 어디에서든 이어 나가고 싶다.

모교회에서는 '국내 파송 선교사'로 임명해, 장·단기 선교 계획의 수립, 평신도의 선교 체험 안내 및 인솔 등을 위해 부정기적으로 선교지를 방문하여 국외 선교 사역을 계속할 비거주(非居住) 선교사의 임무를 맡겨주었다.

아울러 모교회의 노력에 발맞추어 성도들의 마음 중심도 선교에 둘 수 있도록 하기 위해, 교회 선교 훈련 프로그램의 기획과 진행을 포함한 선교 관련 업무를 도울 예정이다.

이와 함께 모교회가 후원하고 있는 선교사, 선교 단체의 사역이 효과적으로 이뤄지도록 기도와 재정 지원을 도와 나갈 예정이다. 그러나 아무리 열심히 해도 그동안 받은 은혜는 다 갚을 수 없을 것으로 여겨진다.

꼬리말

필리핀을 떠나면서 10년 선교 사역의 감사와 회고

선교지에 도착한 첫날 저녁을 대접해 준 한 선교사가, "장로님, 선교사는 '기적'으로 삽니다"라는 말을 들려주었다. 당시 필자에게 실제로 와 닿지 않던 그 말의 의미를 필리핀 사역 시작 후 그리 오래지 않아 실감할 수 있었으며, 필리핀을 떠나면서 돌이켜보니, 지난 10년간의 사역 모두가 실로 기적이 아니고는 도저히 설명할 수 없는 기억들이다.

우선 이 죄인을 구원해 주신 하나님의 긍휼과 은혜 그 자체가 기적이며, 특히 지난 10년 동안 필리핀 말리왈루(Maliwalu)교회와 ROS교회에 우리 부부를 평신도 선교사로 사용해 주신 일 또한 기적이었다. 아버지 하나님께서 맡겨주신 사역 하나하나를 충성스레 잘 감당할 수 있었던 매 순간 모두가 기적이 아니었다면 행할 수 없는 일이었기 때문이다.

부족한 우리가 필리핀을 떠난다고 하니, 어떤 이는 농담반 진담반으로 "떠나지 못하도록 기도해야겠다"는 소리를 하는가 하면, 또 "선교사 타갈로그어 지도는 이제 누가 맡겠느냐?", "한인학교를 새로 지어야 하는 시점에 '평생 교장'이 가고 나면 어떻게 하느냐?" 등등 여러 사람들의 만류하는 소리를 듣게 하였다. 이런 주변 사람들의 지지와 성원 역시 지난 10년을 더없이 값지게 보낼 수 있도록 해준 관심과 격려의 연속이었으며, 전적으로 하나님께서 행하신 감사와 보람의 기간이었다.

지난 2009년. 하나님은 그때 당시 64세인 필자와 63세의 아내를 필리핀 선교사로 떠나도록 허락해 주셨다. 필리핀 10년 동안 하나님께서는 우리의 건강과 사역 전 과정을 지켜주셨으며, 인도해 주신 은혜와 고마움이 너무나 크다.

이제 필리핀을 떠나면서 생애에 가장 큰 보람의 기간이었고, 끊임없는 인내와 기다림을 배우게 한 값진 훈련의 기간이었으며, 최상의 선택으로 기억되는 그곳에서의 감사와 받은 축복 몇 가지만을 소개하려 한다.

첫째, 평신도인 우리 부부에게 하나님은 늘 더 가까이 다가오시어 함께해 주셨고, 이를 누릴 축복을 허락해 주셨다.

기후와 언어가 다르고 환경이 낯선 그곳에서 하나님 이외에 의

지할 어떠한 곳도, 누구도 없었기에 10년 내내 아내와 매일 새벽 하나님 앞에 무릎을 꿇고 기도하며 하나님께로만 더 다가가는 필리핀 선교 10년의 세월을 보내게 하셨다. 우리가 하나님을 찾고 부를 때마다 좋으신 하나님은 언제나 거기 계셔 주셨으며, 기도할 때마다 세밀한 음성으로 응답해 주신 그 하나님이 새벽마다 우리를 만나주셨다. 그는 때론 사역의 좋은 멘토요, 친구가 되어주셨으며, 위로자로 그리고 최고의 동역자와 안내자로 언제나 함께해 주셨다.

둘째, 필리핀 말리왈루교회와 ROS교회를 통해 하나님의 살아계심을 목도케 하는 축복을 주셨다.

가난과 무지의 도시 빈촌 말리왈루 부락에 어린이 급식과 주일학교를 시작으로 생명과 희망의 복음을 전할 교회를 세우게 하신 다음, 배움의 터전인 '어린이 공부방'을 허락하셨으며, 사역의 힘을 함께 나눌 귀한 동역자들을 붙여 주셨다.

나아가 그 빈촌에 꿈에도 생각할 수 없었던 컴퓨터 자습실을 갖출 수 있도록 역사하시어, 하나님께서 하시는 일에는 그 한계가 없음을 다시 한 번 실감케 해 주셨다. 뿐만 아니라 도시 변두리의 빈민촌에서 내일의 희망과 꿈을 키워나갈 차세대들에게 하나님의 사랑을 소개할 수 있도록 하셨으며, 그들로 하여금 그 무엇보다 귀한 내일의 꿈을 품게 만든 축복을 주셨다.

또한 필리핀 뽀락(Porac)의 모델커뮤니티(Model Community)의 화산난민 이주촌의 한 작은 ROS교회에 부족한 우리를 통하여 주일학교를 먼저 개설하게 하신 다음, 그들에게 '어린이 뮤지컬'을 시작하도록 지혜를 베푸시고 이를 통해 청년부와 장년부를 부흥하도록 인도하셨다. 그리고 이들에게 새 성전 건축의 놀라운 마음을 품게 하시고, 저들의 간절한 기도와 헌신으로 마침내 크고 아름다운 성전 건축의 큰 꿈을 이룰 수 있게 하셨다. 나아가 이제 저들을 통하여 제2, 제3의 지(支)교회와 온 세상으로 복음을 들고 나갈 선교사를 파송하는 교회, 선교지에서 선교사를 재생산하여 선교하는 나라 필리핀의 시발 교회가 될 비전을 품도록 해 주셨다.

셋째, 하나님께서는 우리가 선교사로 살아온 그 '지역'을 섬길 수 있는 기회를 허락하셨다.

지역 한인학교 교장과 교사로 봉사하게 하시어, 지역사회의 걱정거리를 자랑거리로 변화시켜 주셨으며, 일찍이 선교사가 세운 한인학교의 정체성을 재확립하도록 하시어 평신도 선교사로 하여금 지역 현안의 해결과 필요를 해결할 수 있는 도구로 사용될 수 있도록 인도하셨다. 나아가, 평신도를 신학교 목회자 리더십 교수로 세워, 내일의 필리핀 교계를 이끌어나갈 하나님의 종들을 키우고 가르치는 보람을 이루게 하셨다.

특별히 하나님께 감사한 것은, 평신도 선교사인 필자에게 목회자 선교사들을 가르치거나 방향을 제시하기보다 이들과 함께 배우고 익히며 이들을 위해 기도하고, 지원하고자 하는 마음을 주시어 수차례의 강의 지원과 타갈로그어 스터디 그룹을 통해 이들을 섬길 수 있는 축복을 허락해 주셨다.

마지막으로, 하나님은 훌륭한 후임자를 예비해 두시어 중단 없이 필리핀 사역을 계속할 수 있도록 미리 챙겨놓으셨다. 우리 부부가 비록 그곳을 떠나더라도 계속해 기도하며 성원해 나갈 수 있도록 해주셨다. 또한 지역 선교사들과 깊은 사랑의 관계를 맺게 하시어, 그 연(緣)을 계속 이어나갈 견고한 성령의 동아

줄을 장만해 두셨다. 우리의 후임자를 비롯한 그곳 선교사들의 헌신과 기도는 앞으로도 중단없이 이어질 그 땅의 복음화와 사역에 큰 밀알이 될 것이다.

이제 우리 부부는 하나님이 예비하신 또 다른 계획을 따르기 위하여 지난 10년간 깊은 은혜를 체험케 해준 정든 사역지를 떠나 고국인 한국으로 돌아간다. 하나님께서는 필리핀에서 평신도 선교사 생활을 넘어, 이제는 우리와 같은 평신도 시니어 선교사를 발굴하고 준비시켜 더 큰 일들을 감당하는 일을 돕도록 명하셨기 때문이다. 하나님께서 그동안 우리와 함께 동행하시며 베풀어주신 은혜를 계속적으로 증거하라는 책무를 주셨고, 우리 부부는 이에 기쁜 마음으로 순종할 것이다.

필리핀에 머무는 동안 허락하신 모든 일들이 분에 넘치는 하나님의 은혜요 사랑이었던 것처럼, 앞으로 우리에게 주어질 일 또한 하나님께서 은혜로 행하실 것임을 확신한다. 이에 우리는 앞으로도 그 어디에 있든 하나님께로부터 받은 '하나님 나라의 부흥과 선교 완성의 사명'을 충성스레 감당해 나갈 것이다.

"지금까지 우리를 당신의 기적의 도구로 삼아주신 하나님께 모든 영광과 감사를 올려드립니다. 마라나타!"

주님이 하셨습니다.

연표(年表) - 필리핀 10년 선교 일지

순서	내 용	시 기	본문 페이지	비 고
1	하나님의 부르심(Calling)	2006.6	31	기도의 응답
2	선교 예정지 탐방(1차/2차)	2007.4/2008.5	36	사역지 조사와 체험 등
3	선교 필요 분야 사전 준비 및 공부	2008.6~2009.10	40	영어, 컴퓨터 등
4	하나님과의 관계 및 영성 유지	2008.6~2009.11	42	복음학교, 기도회 참석 등
5	선교 필요 자격증 준비(공부)	2008.7~2009.6	40	한국어 교사
6	신변 정리 및 준비	2008.8~2009.11	42	건강검진, 집, 재정 등
7	출국 준비(파송 및 후원자, 비자 등)	2009.8~2009.12	44	출석교회, 대사관 등
8	현지 정착(주택, 차, 인터넷 등)	2009.12~2010.1	48	사역 협조자 도움
9	사역 견학, 적응, 탐색 사역과 공부	2009.12~2010.11	53	협조자 동행 사역
10	현지 교회 첫 사역 - 주일학교 시작	2010.1~2011.8	54	뻬아스 교회
11	당초 준비해 간 사역 실시	2010.6~2012.3	58	SACT대학 한국어 강의
12	커피재배 비즈니스 사역 참여	2010.8~2012.10	65	특이 사역 공부 및 체험
13	교회 목회사역 요청으로 협조	2010.11~2011.11	69	비칼교회 목회사역 체험
14	선교사들의 지원 요청 협조	2011.6~2013.3	61	여러 학교의 한국어 강의
15	ROS교회 주일학교 시작과 성장 지원	2011.8~2018.12	90	주일학교 및 뮤지컬지원 등
16	말리왈루교회 개척 및 건축	2012.8~2013.10	74	교회개척과 건축
17	말리왈루교회 목회 및 제자화 사역	2012.10~2018.12	110	말리왈루교회 부흥과 정착
18	비정부 기관(NGO)과의 협력	2016.10~2018.3	123	마을 다리, 교육관 건축
19	지역선교사들의 요청에 협력	2010.6~2018.12	140	사역도우미, 특강지원 등
20	신학교 목회자리더십 교수	2014.6~2018.12	152	Horeb신학교 강의 지원
21	지역 주거단지 운영이사직 수행	2014.1~2018.12	160	지역 봉사 및 협조
22	지역 한인학교 교장직 수행	2015.4~2018.2	156	지역협조, 차세대 선교 등
23	선교사 타갈로그어 스터디 그룹 운영 주관	2014.10~2018.12	163	선교사 협조 및 지원
24	ROS교회 새성전 건축과 지교회 개척	2015.1~2017.11	100	부지 확보 및 건축 등
25	가족의 여러 협조요청에 지원 사역	2010.3~2018.12	175	지역학교/교회/선교사 등
26	현지 사역 인계, 귀국	2018.11~2018.12	210	현지 선교 종료, 귀국

주

필자는 전문 선교단체와의 협조 없이 준비하고 출국하였으나, 선교단체와 협조하여 도움을 받으면, 위 준비 등 제반 일정은 상당 부분 달라질 수 있으며, 더욱 효과적인 준비와 현지 사역이 가능할 것이다.

시니어 선교사 행전
평신도 시니어 필리핀 10년 선교 일지(2009~2018)

1판 1쇄 인쇄 _ 2019년 11월 30일
1판 1쇄 발행 _ 2019년 12월 5일

지은이 _ 김재복
펴낸이 _ 이형규
펴낸곳 _ 쿰란출판사

주소 _ 서울특별시 종로구 이화장길 6
편집부 _ 745-1007, 745-1301~2, 747-1212, 743-1300
영업부 _ 747-1004, FAX 745-8490
본사평생전화번호 _ 0502-756-1004
홈페이지 _ http://www.qumran.co.kr
E-mail _ qrbooks@gmail.com / qrbooks@daum.net
한글인터넷주소 _ 쿰란, 쿰란출판사
등록 _ 제1-670호.(1988.2.27)
책임교열 _ 최진희·송은주

ⓒ 김재복 2019 ISBN 979-11-6143-316-5 03230

책값은 뒤표지에 있습니다.
이 출판물은 저작권법에 의해 보호를 받는 저작물이므로 무단 복제할 수 없습니다.
파본(破本)은 구입처에서 교환해 드립니다.